Reinhard Körner
Ich bin bei euch ...

Eucharistie feiern bedeutet mir viel.
Sehr viel. Und ich sehe für uns Christen
im Eucharistiefeiern die Chance,
dass wir doch noch werden,
was wir sind: Kirche.
Immer wieder von Neuem;
auch heute, trotz allem.

Deshalb dieses Buch.

Reinhard Körner

Ich bin bei euch ...

Im Abendmahl Jesu
zur *Kirche* werden

Bibliografische Information der Deutschen Nationalbibliothek
Die Deutsche Nationalbibliothek verzeichnet diese Publikation in
der Deutschen Nationalbibliografie; detaillierte bibliografische
Daten sind im Internet über http://dnb.n-db.de abrufbar.

**Besuchen Sie uns im Internet unter
www.st-benno.de**

ISBN 3-7462-3289-8

© St. Benno-Verlag GmbH
04159 Leipzig, Stammerstr. 11,
Einbandgestaltung: Ulrike Vetter, Leipzig
Umschlagfoto: © JLP/Deimos/Corbis
Gesamtherstellung: Kontext, Lemsel (A)

INHALT

Kirche – ein Programmwort

Es steht nicht gut um die Kirche. Nicht nur von außen her betrachtet, auch im Erleben vieler Christen selbst; hierzulande jedenfalls. Und was uns zu schaffen macht – konfessionsübergreifend –, sind beileibe nicht nur Randprobleme. Die Not, in der wir stecken, zeigt sich bis in die Kernvollzüge kirchlichen Lebens hinein. Seit Langem schon. Sie betrifft die Seelsorge, die Glaubensverkündigung, die Sakramentenpastoral, die Feier der Gottesdienste ... Doch – war die Lage, auch gesamtkirchlich gesehen, jemals wirklich besser?

Jeder Christengeneration scheint es von Neuem aufgegeben zu sein, zur Kirche erst zu werden, zu einer Kirche, die mehr ist als eine mit sich selbst beschäftigte und um sich selbst besorgte Institution. Was also nützt alles Klagen! Weitergeholfen und herausgeführt aus den meist hausgemachten Schieflagen hat uns immer schon nur der Blick nach vorn – sofern er verbunden war mit dem Blick „nach oben", zu dem hin, der sich diese Gemeinschaft einst erwählte, um gemeinsam mit ihr seinen Weg mit der Menschheit, der Menschheit als ganzer, durch die Geschichte zu gehen.

In einem Fürbittenbuch von 1980, in der DDR herausgegeben vom damaligen Erfurter Pastoraltheologen Franz Georg Friemel, heißt es: „Vater, wir bitten dich, der Geist, der am Anfang der Kirche gewirkt hat, möge auch in unseren Herzen tätig sein."[1] Diese Worte meines Lehrers sind für mich zu einem wichtigen Leitsatz im Leben mit der Kirche geworden. Bis heute bete ich sie mit den Teilnehmern an meinen Glaubensseminaren und Exerzitienkursen in jedem Eröffnungsgottesdienst. Sie lenken die Aufmerksamkeit auf den Quellgrund der Kirche: zu dem hin, der tätig war an ihrem historischen Ursprung und tätig ist als ihr stets gegenwärtiger, erneuernder Urgrund. Und vor allem: Hier wird nicht abstrakt von der Erneuerung der Kirche gesprochen, sondern von der Erneuerung *in unseren Herzen*. Dass damit nicht nur die Herzen der „einfachen Gläubigen" gemeint sind, versteht sich für mich von selbst.

Der Geist des Anfangs, von dem in diesem Gebet die Rede ist, hat nicht zuletzt – daran bestand in der Christenheit nie ein Zweifel – mit dem zu tun, was protestantische Christen den Abendmahlsgottesdienst, einige freikirchliche Gemeinschaften das Brotbrechen und wir Katholiken die Heilige Messe nennen. Schon die Christen der ersten Stunde „brachen in ihren Häusern das Brot und hielten miteinander Mahl in Freude und Einfalt des Herzens", erzählt Lukas, zurückblickend auf die Jerusalemer Urgemeinde (Apg 2,46), und auch Paulus, der früheste unter den Autoren der neutestamentlichen Schriften, sagt von seiner Gemeinde, dass sie „zum Mahl zusammenkommt" (1 Kor 11,13). In der DIDACHÉ, einer Schrift aus dem frühen 2. Jahrhundert, wird dieses gemeinsame Mahl Eucharistie (Danksagung) genannt[2], ein Begriff, der allen Konfessionen vertraut ist. Was die Christen der Frühzeit da taten bei ihren Zusammenkünften, war von zentraler Bedeutung für ihre Gemeinschaft. Mit dem griechischen Wort ekklesía ausgedrückt, das im Neuen Testament sowohl Versammlung wie auch Gemeinde und Kirche bedeutet: Was sie in der ekklesía, in der Versammlung, taten, machte sie zur ekklesía, zur Gemeinde; was sie während „der Kirche" taten, machte sie zur Kirche – zu einer weltweiten Ecclesia (lat.) dann im Laufe der Jahrhunderte, deren Basis auch heute die kleine, Eucharistie feiernde Gemeinde bleibt.

Doch wir müssen genauer hinschauen. In einem Brief, geschrieben um das Jahr 53 an die Christen in Korinth, bezeichnet Paulus die Mahlfeier der Gemeinde als „kyriakòn deípnon" (1 Kor 11,20), als „Herrenmahl" (EINHEITSÜBERSETZUNG) oder „Abendmahl des Herrn" (LUTHER-BIBEL). Wörtlich bedeutet kyriakós (weiblich: kyriaké, sächlich: kyriakón) „zum Herrn, zum kýrios gehörend". Was ihr da feiert, will Paulus den Korinthern sagen, ist nicht euer eigenes Mahl; es ist das Mahl des *Kyrios*, des auferstanden-gegenwärtigen Jesus Christus, ihr sitzt an *seinem* Tisch! In eurer Versammlung seid ihr nicht nur unter euch. Der Kyrios ist auch da, und er ist die Hauptperson! Das unterscheidet eure ekklesía – das Wort wurde damals ganz allgemein für Bürgerversammlungen verwendet – von jeder anderen Versammlung. Die christliche Versammlung ist, wie man bald schon sagen wird, eine *kyriakè* ekklesía.

Und auch die Christengemeinschaft selbst, die ekklesía vor Ort wie die immer größer werdende ekklesía aller Gemeinden, verstand sich als „zum *kýrios* gehörend", in beiderseitigem Sinne: von Christus her wie von den Christen her betrachtet. Sie wurde daher ebenfalls *kyriakè* ekklesía, zum Herrn gehörende Gemeinschaft, genannt und seit dem 3. Jahrhundert kurz die *kyriaké* – woraus in unserem Sprachraum über das umgangssprachlich-griechische kirika und das althochdeutsche kiricha das heutige Wort *Kirche* wurde.[3]

In der Eucharistie, in der Feier des Kyrios-Mahles, wurden damals Menschen zur Kirche, zu einer *zum Kyrios gehörenden Ecclesia*, in der es zuerst und vor allem um den Kyrios geht. Ein Geschehen freilich, das sich im Laufe der Geschichte immer wieder von Neuem vollziehen musste. Bischof Augustinus (gest. 430) wird zu seiner Zeit den zur Eucharistiefeier Versammelten vor dem Kommunionempfang sagen: „So beginnt ihr nun zu empfangen, was ihr auch zu sein begonnen habt."[4]

Wenn also der Geist des Anfangs Menschen in der Feier der Eucharistie zur *Kyriaké* macht, sollte dann nicht auch unsere Chance, der Ecclesia ein neues, ein frisches und lebendiges Gesicht wiederzugeben, die Eucharistiefeier sein?

Manches scheint dagegenzusprechen. Sind es doch nicht zuletzt die Gottesdienste, über die so viele Christen klagen. Unsere Liturgie ist zu steif, sagen sie, zu abgehoben, viel zu weit weg von den Menschen; und irgendwie auch zu weit weg von Gott, viel zu formelhaft und unnatürlich, viel zu formalistisch ...

Von den Gästen, die aus dem gesamten deutschen Sprachraum in das Exerzitienhaus unseres Klosters am Rande Berlins kommen, höre ich diese Klage, so oder ähnlich, geradezu stets und ständig, seit zwei/drei Jahrzehnten schon. „Zu viel Kirche, zu viel Selbstdarstellung – und zu wenig Gott", hat mir einmal traurig eine Frau aus dem Rheinland gesagt. Heute kommt hinzu, dass viele Christen – es werden immer mehr – die Eucharistiefeiern in ihren kleiner gewordenen Gemeinden ohnehin nur noch als eine mühsam aufrechterhaltene Notversorgung erleben und in den großräumigen Pfarrverbänden die Erfahrung eines wirklichen *Gemeinde*-Gottesdienstes kaum mehr machen können.

Gewiss, es gibt auch die positiven Erfahrungen mit den Gottesdiensten und mit dem kirchlichen Leben überhaupt, das soll und darf nicht übersehen werden. Aber es muss schon nachdenklich stimmen, wenn selbst der neue Präfekt der vatikanischen Kongregation für den Gottesdienst und die Sakramentenordnung, Kurienkardinal Antonio Cañizares Llovera, unverhohlen klagt: „Liturgie ist heute im Leben vieler Christen – Gläubiger wie Priester – nicht die ‚Seele‘, die Quelle und das Ziel. Wie viel Routine und Mittelmäßigkeit, wie viel Banalität und Oberflächlichkeit! Wie viele Messen, die ohne die gebührende Aufmerksamkeit gefeiert werden oder an denen man ohne eine besondere Einstellung teilnimmt!"[5] Ob der Kardinal damit nur die Situation in Deutschland und in den Ländern Mitteleuropas meint? Eine sehr engagierte katholische Christin aus dem Berliner Raum schrieb mir erst dieser Tage: „Dankbar bin ich, dass in unserer Gemeinde Pfarrer M. und auch sein derzeitiger Kaplan die Messen sehr einprägsam und würdig feiern, ob sonntags oder werktags. Wenn ich jährlich einmal in Rom bin (zu Pfingsten in diesem Jahr wieder), bin ich jedesmal aufs Neue erstaunt, wie niveaulos dort die Messen (abgesehen von den Papstmessen) gefeiert werden, und ich freue mich dann wieder auf zu Hause, obwohl ich Rom doch so sehr liebe."

Und das alles, obwohl es doch vor noch gar nicht langer Zeit, nach dem Zweiten Vatikanischen Konzil (1962–1965), eine Liturgiereform gegeben hat! Auch die Konzilsväter hatten ja in ihrem Bemühen um eine Erneuerung der Kirche aus dem Geist des Anfangs auf die Eucharistiefeier gesetzt. Mit nur mäßigem Erfolg, wie es scheint. – Ist es also nicht auch die Eucharistiefeier selbst, die einer (erneuten) Erneuerung bedarf?

Vielleicht haben die Stimmen, die diese Frage sehr schnell und meist sehr lautstark bejahen, nicht grundsätzlich unrecht. Auch für mich gibt es so einige Ungereimtheiten in der heutigen Gestalt der Heiligen Messe, die dringend einer Korrektur bedürfen, soll die Eucharistiefeier wirklich, wie es in einem der Konzilsdokumente heißt, „Quelle und Höhepunkt des ganzen christlichen Lebens"[6] sein. Doch ich denke, noch weit mehr als formale Veränderungen brauchen wir heute einen erneuerten, einen bewussteren *persönlichen Zugang* zu dem, was wir da liturgisch feiern, sowohl als Gläubige in den Bänken wie als Zelebranten am Altar. Damit meine ich nicht nur ein besseres und gründlicheres Wissen über die Bedeutung der einzelnen Worte und Riten im Gottesdienst; so wichtig und hilfreich solche liturgischen Kenntnisse sind[7], sie allein genügen nicht. Wenn wir nicht innerlich – „in unseren Herzen" eben – *geistlich-spirituell mitvollziehen*, was wir liturgisch tun, bleibt alles liturgische Wissen nutzlos und jede Reform oder Reform der Reform reine Äußerlichkeit. Das gilt auch für die Art und

Weise, wie unsere Gottesdienste heute in der Praxis zelebriert, gestaltet und mitgefeiert werden: Ob eher „rubrikentreu" oder eher „zeitgemäß" – in beidem steckt die Gefahr der Äußerlichkeit, hier in Richtung „Messe lesen", da in Richtung Wortegeschwätz, hier in Richtung „Messbesuch", da in Richtung Gemeindetreff.

Auf den Punkt gebracht: Liturgie ist kein Selbstzweck. Liturgie steht im Dienst der persönlichen und gemeinsamen Beziehung zum Kyrios. Der Geist Gottes, der Geist, „der am Anfang der Kirche gewirkt hat", bewegt – damals wie heute – nicht dazu, Liturgie zu feiern, sondern dazu, miteinander, auch in liturgischer Weise, bei Gott und seinem Jesus zu sein. Wo die Liturgie als Liturgie wichtig wird, ist ein anderer Geist am Werke.

Auch die Konzilsväter dachten so. Als sie mit ihrem ersten, schon 1963 veröffentlichten Konzilstext die Liturgiereform einleiteten, beabsichtigten sie nicht bloße Veränderungen am Ritus. Es ging ihnen vor allem um den *inneren geistlichen Mitvollzug* dessen, was sich in den Riten ausdrückt. Wiederholt, nicht weniger als dreizehn Mal, ist in diesem Dokument, der LITURGIEKONSTITUTION, von der „participatio actuosa" die Rede, von der „bewussten und tätigen Teilnahme" aller Gläubigen am Gottesdienst.[8] Und damit war nicht gemeint – das hat uns einer der damaligen Konzilstheologen, Joseph Ratzinger, in Erinnerung gebracht –, dass fortan „möglichst viele möglichst oft für alle sichtbar in Aktion treten müssten"[9]; das große Missverständnis vielerorts! Die „wirkliche liturgische Aktion" sei vielmehr „die oratio"[10], das Beten, die „lebendige Begegnung mit Gott"[11]. Sonst gehe es, so der jetzige Papst in seinem Buch DER GEIST DER LITURGIE (von 1999), „letztlich nicht mehr um Gott"; der Gottesdienst wird dann „wirklich zu leerer Spielerei", ja „schlimmer noch: zu einem Abfall vom lebendigen Gott, der sich unter einer sakralen Decke tarnt"[12], und es „bleibt am Ende ... die Frustration, das Gefühl der Leere."[13] – Winfried Haunerland, katholischer Professor für Liturgiewissenschaft, betont, der Begriff participatio actuosa sei geradezu das „Programmwort"[14] der liturgischen Erneuerung gewesen, und zwar nicht erst während des Konzils, sondern bereits in der liturgischen Bewegung seit Beginn des 20. Jahrhunderts. Bei diesem Programmwort, so auch der Liturgiewissenschaftler, „zielt alles auf eine geistlich fruchtbare Mitfeier, die von der Frömmigkeit bestimmt ist und diese stärkt. Formale Richtigkeit und Genauigkeit der Teilnahme genügen dem Konzil nicht."[15]

Geistlich fruchtbare Mitfeier der Eucharistie: Genau darum, denke ich, muss es uns gehen, vorrangig gehen, gerade heute – denn damit steht und fällt die Authentizität der Kirche. Das betrifft die katholische Heilige Messe wie natürlich auch die Abendmahlsgottesdienste in den anderen christlichen Konfessionen. Der einzelne Christ kann – und muss, immer wieder neu – seinen Glauben im persönlichen geistlichen Leben erneuern; die Kirche, die Gemeinschaft der Christen, erneuert sich nur im gemeinsamen – aber wiederum je ganz persönlich mitvollzogenen – Kyrios-Mahl. Und allein kann keiner Christ sein. Weil zum Kyrios Christus keiner nur allein gehört. Im Übrigen auch keine Konfession nur allein.

Vom Kyrios Jesus Christus her gesehen, sind wir die *kyriakè* ekklesía. Immer. Das garantiert seine Treue. Von unserer Seite her können wir es werden. In unseren Kyrios-Mahl-Feiern liegt die Chance, dass wir es werden, auch heute – ein bisschen mehr wenigstens, ein bisschen glaubwürdiger, als wir es derzeit sind.

„Kirche", so Maria Widl, die heutige Inhaberin des Lehrstuhls für Pastoraltheologie in Erfurt, „gilt es immer wieder neu zu gründen."[16] Auch Kirche – *kyriakè* ekklesía – ist ein Programmwort.

„... zu meinem Gedächtnis!"
– Gedächtnis?

Auch ich habe erst nach und nach zu einer „geistlich fruchtbaren Mitfeier" der Eucharistie gefunden. Bis ich sagen konnte, Eucharistie feiern bedeutet mir viel, war es ein langer Weg. Er begann, meiner Erinnerung nach, in meinem sechsten Lebensjahr. Wie mir meine Eltern später bestätigten, hatten sie mich in diesem Alter, ein paar Monate vor dem Schulbeginn, zum ersten Mal in einen Sonntagsgottesdienst mitgenommen. Noch heute ist mir gegenwärtig, wie langweilig damals alles auf mich wirkte, was der Priester da vorn am Altar, mit dem Rücken zu uns gekehrt, in unverständlicher Sprache sang und murmelte, und wie sehr ich mir mit kribbelnder Ungeduld wünschte, dass „die Kirche" bald zu Ende sei. Ich bin mir sicher: Wäre da nicht noch eine andere Erfahrung in dieser ersten Heiligen Messe gewesen, hätte sich in meiner Kinderseele wohl für lange Zeit ein eher negatives Grundgefühl mit der Eucharistiefeier verbunden. Denn auch das steht mir bis heute sehr lebendig vor Augen: Als Vater und Mutter vom Kommunionempfang in die Bank zurückgekommen waren und sich niedergekniet hatten, hielten sie sich für ein paar Minuten die Hände vor das Gesicht;

so kannten sie es aus Schlesien, ihrer Heimat. Ich weiß noch, dass ich davon sehr berührt war. Ich wusste, dass Vater und Mutter nun still im Herzen beteten – so, wie sie es, meist ebenfalls still, auch zu Hause oft taten. Doch ich spürte, dass jetzt, hier während „der Kirche", etwas Besonderes vorging in ihnen ... Noch heute kann ich in mir fühlen, was ich damals empfand. Als Fünfjähriger hatte ich keine Worte dafür; heute würde ich sagen: Da war etwas Tiefes, Heiliges hinter den verdeckten, geschlossenen Augen; da war etwas Großes zwischen meinen Eltern und Gott. Und ohne es so benennen zu können, wusste ich fortan: Das, was da innerlich zwischen Mutter und Gott und zwischen Vater und Gott in den Gottesdiensten geschieht, das macht sie beide eins; das ist es, was sie zusammenhält, auch dann, wenn sie sich bei der gemeinsamen Arbeit im Stall und auf dem Feld einmal stritten ...

Damals begann meine „persönliche Liturgiegeschichte". Vielleicht auch – in meiner Erinnerung jedenfalls ist es so – meine persönliche Geschichte mit Gott.

Erst Jahre später, als nach der Liturgiereform des Zweiten Vatikanischen Konzils die Heilige Messe nicht mehr nur in Latein, sondern (in der Regel) in deutscher Sprache gefeiert wurde, hörte ich bei der Wandlung die Worte: *Tut dies zu meinem Gedächtnis!* Und weitere Jahre später, während des Theologiestudiums, begann ich zu verstehen, dass mir mein Vater und meine Mutter für den Sinn dieser Worte, genau dieser Worte, das Herz geöffnet hatten, damals während meiner ersten Heiligen Messe.

Was Jesus beim Letzten Abendmahl, beim Zusammensein mit seinen Jüngern am Abend vor seiner Hinrichtung, getan und gesagt hat, so lernte ich nun im Theologiestudium, wird im Neuen Testament an vier Stellen überliefert, im Wesentlichen gleichlautend, aber doch in jedem der vier Texte etwas anders. Nach dem Paulustext (1 Kor 11,23–25), der wahrscheinlich ältesten Abendmahlsüberlieferung, sagt Jesus im Anschluss an das Brotwort (ich zitiere aus der EINHEITSÜBERSETZUNG): „Tut dies zu meinem Gedächtnis!“, und noch einmal nach dem Kelchwort: „Tut dies, sooft ihr daraus trinkt, zu meinem Gedächtnis!“ Auch im Lukasevangelium (Lk 22,19–20) heißt es, wenn auch nur nach dem Brotwort: „Tut dies zu meinem Gedächtnis!“ Obwohl Markus und Matthäus in ihren Abendmahlserzählungen diesen Satz nicht überliefern, dürfen wir doch davon ausgehen, so sagten uns die Professoren, dass er auf Jesus selbst zurückgeht; jedenfalls wurde er zumindest in den von Paulus geprägten Gemeinden – einer solchen gehörte später wohl auch Lukas an – beim gemeinsamen „Herrenmahl“ gesprochen und als Jesuswort verstanden.[17]

„Tut dies ...“ – gemeint ist, das tun, was Jesus tat: das Brot brechen, es austeilen und es gemeinsam essen, den Kelch mit dem Wein reichen und daraus trinken, jeweils mit den Worten, die Jesus dazu sprach. Aber: *„... zu meinem Gedächtnis"* – was ist damit gemeint?

Ehrlich gesagt, lange hatte ich mir diese Frage überhaupt nicht gestellt. Es gibt ja viele Worte in der Heiligen Messe, die man zwar akustisch hört – und überhört –, aber nicht versteht. Und so war es mir auch mit diesem Wort gegangen. Es klang einfach zu kirchendeutsch, zu abgehoben, als dass es mir etwas gesagt hätte. Als ich dann irgendwann angefangen hatte, über seine Bedeutung nachzudenken, verstand ich es so, wie es der allgemeine Sprachgebrauch eben nahelegt, im Sinne von: sich an jemanden „erinnern" oder auch: seiner „ehrend gedenken", wie etwa bei einer Gedenkfeier für die Gefallenen der Weltkriege. Dann müsste der Satz, so sagte ich mir, also bedeuten: „Tut dies zur Erinnerung an mich!" oder: „Tut dies zu meinem Andenken!" Jesus hätte dann die Seinen aufgefordert, das Brot zu brechen und den Kelch zu trinken, damit sie sich noch über seinen Tod hinaus an ihn erinnern, den Blick also in die Vergangenheit richten, auf sein Leben, Leiden und Sterben damals. Was ja durchaus Sinn hätte; viele Christen jedenfalls – auch viele Zelebranten –, das finde ich im Gespräch mit den Teilnehmern an meinen Glaubenskursen immer wieder bestätigt, scheinen den Satz so zu verstehen.

Ich weiß noch, wie erstaunt ich war, als ich

dann in einer Vorlesung hörte, das griechische
Wort, das bei Paulus und bei Lukas für „Gedächtnis" steht – anámnesis –, bedeute nicht Rückblick
auf Vergangenes, also nicht nur ehrend-geden-
kende Erinnerung, sondern vielmehr *Vergegenwärtigung*, und zwar Vergegenwärtigung von sowohl Vergangenem wie auch Gegenwärtigem und
Zukünftigem. Anámnesis sei mehr als ein erin-
nerndes Ins-Gedächtnis-Rufen. Die Kirche des Anfangs habe darunter ein Tun des Herzens verstanden, bei dem die Christen an den Jesus
denken, der auch *jetzt* – als der auferstandene,
lebendige – anwesend ist; jetzt anwesend mit
derselben liebenden Hingabe an seinen göttli-
chen Vater und an uns Menschen, mit der er
damals bis ans Kreuz gegangen ist; und anwesend als der Jesus, der mit uns die Zukunft, das
ewige Leben, teilen will. „Tut dies *zu meinem Gedächtnis!*", so begriff ich nun, bedeutet also: sich
innerlich bewusst machen – ver-*gegenwärtig*-en –,
dass Jesus jetzt *gegenwärtig* ist; innerlich an ihn
denken und mit ihm zusammen sein; also nicht
nur an ihn zurückdenken, sondern zu ihm *hin*-
denken ...

In den Schriften des jetzigen Papstes – den ich
in diesem Buch nicht zitiere, weil er der Papst ist,
sondern weil er meines Erachtens zu den besten
Eucharistie-Theologen der Gegenwart zählt[18] –
fand ich das später so ausgedrückt: „Die Auferstehung", schreibt er, „war die grundlegende Ermög-

lichung dafür, dass er (Jesus) nun wirklich über die Grenzen der irdischen Leiblichkeit hinweg gegenwärtig ist und sich austeilen kann ... Die Jünger brauchten sich dabei nicht nur rückschauend an die Auferstehung wie an etwas Vergangenes erinnern: Der Auferstandene lebt; deswegen war der Auferstehungstag von innen her der Tag seiner *Gegenwart*, der Tag, da er sie versammelte, da sie sich um ihn versammelten."[19] Was mit „anámnesis" gemeint ist, sei den frühen Christen bereits von ihren jüdischen Festen, vor allem vom Paschafest her vertraut gewesen. „Gedächtnis", so der Eucharistietheologe Joseph Ratzinger, war für sie „eine Kategorie der Vergegenwärtigung: Indem Israel der Heilsgeschichte gedenkt, empfängt es sie als Gegenwart, tritt es in diese Geschichte ein und wird ihrer Wirklichkeit teilhaft"; deshalb ist „der Kult Israels ... wesenhaft ‚Gedächtnis', das Gegenwart schafft".[20] Ebenso werde auch „in der christlichen Liturgie nicht nur aus Vergangenem ausgeteilt, sondern es ereignet sich Gleichzeitigkeit mit dem, was diese Liturgie begründet: Das ist der eigentliche Kern und die wahre Größe der Eucharistiefeier, die immer mehr ist als Mahl – Hineingerissenwerden in die Gleichzeitigkeit mit dem Paschamysterium Christi, in seinen Überschritt aus der Zeit der Vergänglichkeit vor das Angesicht Gottes hin."[21]

Und das ist durchaus nicht nur die Auffassung der römisch-katholischen Kirche! Jens Schröter zum Beispiel, ein evangelischer Professor für neutestamentliche Theologie, drückt mit anderen Worten genau dasselbe aus. „Das gottesdienstliche Mahl wird ... von Beginn an als ein besonderes Mahl verstanden, bei dem die Gemeinde zu ihrem Herrn Jesus Christus in Verbindung tritt", schreibt der protestantische Theologe in einem Buch, das sogar in einem katholischen Verlag erscheinen konnte.[22] Darin heißt es weiter: „Dabei ist die ‚vergegenwärtigende Erinnerung' nicht auf das Gedenken an ein vergangenes Ereignis beschränkt, sondern bedeutet immer zugleich dessen Hereinholen in die Gegenwart, in der dieses Geschehen erneut Bedeutung gewinnt."[23]

Als ich gegen Ende meines Theologiestudiums begann, mich mit der Geschichte der christlichen Spiritualität zu befassen, begegnete mir das Wort Vergegenwärtigung auffallend häufig. Viele geistliche Meister und Meisterinnen früherer Jahrhunderte gebrauchten es als Beschreibung für das, was – nicht nur im Rahmen der Eucharistiefeier – mit dem Tätigkeitswort *beten* gemeint ist. Auch für sie bedeutete Vergegenwärtigung: sich bewusst machen, dass Gott, wenn auch verborgen, anwesend ist und mit ihm sein auferstandener Jesus; und dann mit ihm reden, also nicht ein Gebet nur „verrichten", sondern es *im Bewusstsein seiner Gegenwart* sprechen, es *zu ihm hin* beten. Erst durch ein solches, ganz persönlich vollzogenes Vergegenwärtigen Gottes, sagten sie, wird Gebet zum *Beten* und Liturgie zum *Gottes*dienst. „Wäre ich Prediger", schrieb zum Beispiel im 17. Jahrhundert Bruder Lorenz, ein französischer Karmelit (1614–1691), „würde ich vor allen anderen Themen dieses eine verkünden: die Übung der Vergegenwärtigung Gottes. Wäre ich Seelenführer, würde ich jeden zu ihr hinführen. So notwendig scheint mir diese Übung."[24] Der Laienbruder, der im Kloster als Schuster und Koch tätig war, wusste aus eigener Erfahrung: „Wir müssen während unserer Arbeit und während unserer sonstigen Tätigkeiten, selbst wenn wir lesen oder schreiben …, ja sogar während unserer Andachten und unserer gesprochenen Gebete, ab und zu, so oft wir können, einen kleinen Augenblick innehalten, um Gott im Grund unseres Herzens anzubeten und uns an ihn wie im Vorübergehen ganz geheim zu erinnern …"[25] Und solches Vergegenwärtigen „ist leicht"[26], sagt Bruder Lorenz. Wir praktizieren es ja auf ganz natürliche Weise auch im alltäglichen Leben: wenn wir „im Grund unseres Herzens" zum Beispiel an ein schönes Urlaubserlebnis denken und uns dabei das Meer oder die Berge innerlich wieder vor Augen stellen; oder wenn wir an einen lieben Menschen denken, um innerlich mit ihm zusammen zu sein.

Wenn Bruder Lorenz und viele andere aus der geistlichen Tradition der Kirche von der „Vergegenwärtigung Gottes" sprechen, meinen sie nicht nur die Vergegenwärtigung von *Ereignissen* in der Geschichte Gottes mit den Menschen; sie meinen vor allem die Vergegenwärtigung *Gottes selbst* – und selbstverständlich auch des auferstandenen Jesus –, also die Vergegenwärtigung einer *Person*. Dass so manche Fachleute der Liturgiewissenschaft das Wort „Tut dies zu meinem Gedächtnis!" nur als Aufforderung zur Vergegenwärtigung der Heilsereignisse deuten, die im Leben, Sterben und Auferstehen Jesu geschehen sind, nicht aber (oder nur im Nebensatz) als Aufforderung zur *Vergegenwärtigung des auferstanden-lebendigen Jesus selbst,* liegt wohl nicht zuletzt an der bis heute – auch unter Priestern, Bischöfen und Theologen – mangelhaften Kenntnis dieser geistlichen Tradition des Christentums.

Sich Gott und seinen auferstandenen Jesus vergegenwärtigen – genau das hatten, ohne es erst durch ein Theologiestudium gelernt zu haben, mein Vater und meine Mutter getan. Und meiner Erinnerung nach auch andere Frauen und Männer damals in unserer kleinen Pfarrgemeinde. Sie hatten sich Jesus ver-gegenwärtig-t, sie haben im Herzen „an ihn gedacht", sie waren innerlich bei ihm, und er war bei ihnen. Und das taten sie, dessen bin ich sicher, nicht nur und nicht erst nach dem Kommunionempfang. Sie taten in der

Heiligen Messe genau das, was Jesus damals im Abendmahlssaal gemeint hatte, als er sagte: „Tut dies zu meiner anámnesis – tut dies, indem ihr euch vergegenwärtigt: Ich bin bei euch." *Darin* vor allem bestand ihre „bewusste und tätige Teilnahme" an der Eucharistiefeier.

Und das ist es wohl, warum ich heute sagen kann (ohne dass ich dabei meine Kindheit verklären müsste): Damals in meiner Heimatgemeinde habe ich *Kirche* erlebt, Menschen, die „zum Kyrios gehören" – und die dadurch eine ganz eigene Art von Gemeinschaft waren. Gewiss, auch in dieser Gemeinde gab es „solche und solche", solche, die mehr und solche, die weniger oder vielleicht auch gar nicht im Herzen an Gott dachten. Und auch die, die es taten, waren durchaus keine vollkommenen Menschen. Aber ihre Frömmigkeit prägte das Klima in der Gemeinde. In dieser Gemeinde jedenfalls – zu ihr gehörten etwa tausend katholische Christen – fühlte ich mich mitgetragen. In diesem Klima konnte sich in mir ein inneres Gespür für Gott entwickeln.

Die Kirche, das war nicht „die Amtskirche" und nicht „die Kirche als Institution"; beide Ausdrücke kannten wir damals gar nicht. Die Kirche, das war das Dekanat mit den Nachbarpfarreien, die Diözese mit dem Bischof und die Weltkirche mit dem Papst, aber die *konkrete* Kirche, das war unsere Pfarrgemeinde. Die Kirche waren wir, zusammen mit dem Pfarrer und dem Kaplan, die

jeden von uns – jeden! – persönlich kannten. Die
Kirche, das waren wir, die wir sonntags immer
„Kirche" hatten, während der es um Gott und um
Jesus Christus ging. In einer Gemeinde, in der
man einander kennt und ein Stück weit das Leben miteinander teilt, kann die Eucharistiefeier
tatsächlich „Quelle und Höhepunkt des ganzen
christlichen Lebens"[27] sein. Die Kirche, davon bin
ich heute auch als Theologe überzeugt, baut sich
von der kleinen Gemeinde oder der kleinen
Gemeinschaft her auf, in der sich Menschen –
wenn auch die einen mehr und die anderen weniger – in der gemeinsamen Eucharistiefeier den
Kyrios vergegenwärtigen und dadurch „Schwestern und Brüder" werden. So war es am Anfang
der Kirche, so war es immer dann im Laufe ihrer
Geschichte, wenn der Geist des Anfangs in den
Herzen tätig war, und nur so wird auch die Kirche
der Gegenwart wieder anfangen können, Kirche
zu werden. Mit der Errichtung von fusionierten
Großgemeinden und großräumigen „Seelsorgeein-
heiten" geschieht nicht Aufbau der Kyriaké, sondern Rückbau der Kirche zu einem bestenfalls
gut verwaltbaren Verband von einzelnen Christen und Christengruppen. Das mag ja manchem
genügen, aber dem Kyrios genügt es mit Sicher-
heit nicht. Sehr besorgt schreibt der katholische
Neutestamentler Paul Hoffmann (Jahrgang 1933),
der seine theologische Arbeit jahrzehntelang der
Frühgeschichte der Kirche gewidmet hat: „Paulus

und Matthäus machen uns eine Binsenwahrheit deutlich: Kirche entsteht von unten, von der Basis her und an der Basis. Der gegenwärtige Trend, mehrere Ortsgemeinden zu klerikalen Verwaltungsbezirken zusammenzuschließen, wird sich als kontraproduktiv erweisen."[28]

Und ganz selbstverständlich war es für mich, dass mit uns drei katholischen Christen in der Schulklasse auch die fünf evangelischen Mitschüler Kirche waren, wenngleich eine andere. Denn auch wenn sie „Kirche" hatten, ging es um Gott und um Jesus. Zwar waren wir nicht, so kann ich es heute theologisch reflektieren, die eine Ecclesia, aber gemeinsam waren wir *die eine Kyriaké* – inmitten der über zwanzig weiteren Mitschüler in der Klasse, die genauso selbstverständlich unsere Freunde waren. Wir waren Kirche, und mit unseren religionslosen Mitschülern zusammen waren wir – dies zuallererst! – Menschen. Gottes Menschen.

„Tut dies zu meiner anámnesis!" – das ist das Programmwort, das Jesus selbst seiner Jüngergemeinschaft mit auf den Weg durch die Geschichte gegeben hat. Wo dieses „Programm" ins Tun umgesetzt wird, da wird Liturgie zur Liturgie – und Kirche zur Kirche, zur Kyriaké vor Ort mitten unter den Mitmenschen am Ort.

In der lateinisch gefeierten Heiligen Messe lautet dieses Programmwort Jesu: „Hoc facite in meam commemorationem!" Latein war in den ersten Jahrhunderten der Christenheit noch nicht die Kirchensprache, es war im westlichen römischen Reich die Muttersprache der Christen. In deren Sprachempfinden bedeutete commemoratio dasselbe wie anámnesis im östlichen Mittelmeerraum: im Herzen an Jesus denken, sich im Herzen ihm zuwenden, gemeinsam ganz persönlich bei ihm sein, bei ihm, der der Jesus von damals, der auferstandene Jesus von heute und der Jesus unserer Zukunft ist – mit alldem, was er gelebt, gesagt, getan und gelitten hat. Eine treffende Übersetzung also vom Griechischen ins Lateinische! Bei der Übertragung ins Deutsche jedoch haben die Übersetzer nicht die glücklichste Hand gehabt, angefangen bei der LUTHER-BIBEL im 16. Jahrhundert bis hin zum katholischen Messbuch nach dem Zweiten Vatikanischen Konzil. Mit der Formulierung „Dies tut/Tut dies zu meinem *Gedächtnis*!" wurde das Verständnis dieses Jesuswortes eher verstellt, als dass es sein könnte, was es – auch heute noch – ist: *das Programmwort Jesu für die liturgische und kirchliche Erneuerung*. Verstellt für die Gottesdienstteilnehmer, die es hören, wie auch für die Zelebranten, die es im Namen Jesu sprechen.

„Tut dies, indem ihr euch vergegenwärtigt: Ich bin bei euch!", sage ich deshalb manchmal in den Gottesdiensten, die ich mit meinen Kursteilnehmern feiere – in der Hoffnung, dass sie dieses

Programmwort, das Jesus selbst uns zuspricht, dann auch in ihren Pfarrgemeinden zu Hause so verstehen, wie er es gemeint hat. Und nach diesen Worten halte ich, bevor ich weiterspreche, gemeinsam mit ihnen einen Moment Stille ...

„Der Herr ... mit euch!"

Folgendes soll sich einmal zugetragen haben; vielleicht ist es erfunden, dann aber gut erfunden: Ein Priester beginnt die Heilige Messe. „Im Namen des Vaters und des Sohnes und des Heiligen Geistes", sagt er und bekreuzigt sich. Während er spricht, hat er den Eindruck, dass das Mikrofon nicht funktioniert. „Amen", sagen die Gläubigen, die ihn durchaus laut genug verstanden haben, indessen er irritiert ans Mikrofon klopft. „Mit dem Ding stimmt etwas nicht!", raunt er dem Küster zu. „Und mit deinem Geiste!", kommt die gewohnte Antwort aus den Bänken ...

Zu den Worten im Gottesdienst, die wir hören und doch nicht hören, zählt auch der Zuruf „Der Herr sei mit euch", und zu den Worten, die wir sprechen und doch nicht sprechen, die Antwort „Und mit deinem Geist(e)." – Participatio actuosa, bewusste und tätige Teilnahme?

Routine ist menschlich, auch im Gottesdienst. Aber so wie sie in der Familie, im Ordenskonvent, in der Ehe oder in unseren Freundschaften immer wieder einmal durchbrochen werden muss, damit die Worte und Gesten nicht leer werden, so braucht es auch in der Liturgie – in den liturgischen Umgangsformen miteinander und mit Gott – von Zeit zu Zeit ein bewusstes Aufmerken auf das, was wir sagen und tun. Sonst macht allein schon die Routine die Eucharistiefeier zu „leerer Spielerei" (Joseph Ratzinger, s. S. 15). Und dann stimmt in der Tat etwas mit dem Geiste nicht.

Es lohnt sich, über diesen liturgischen Wortwechsel einmal gründlicher nachzudenken, kommt er doch nicht nur am Beginn, sondern noch weitere drei Mal in der Heiligen Messe vor. Was mir selbst dazu beim Studieren theologischer und liturgiewissenschaftlicher Fachliteratur aufgegangen ist, möchte ich hier ebenfalls weitergeben.

„Der Herr sei mit euch" – das klingt, zumal am Beginn des Gottesdienstes, wie eine Grußformel. Aber ist es wirklich nur ein Gruß? Macht es denn Sinn, während derselben Feier einander noch weitere drei Mal zu grüßen? Vier Mal innerhalb einer halben oder einer Stunde? Ob nicht doch mehr in diesem Zuruf steckt?

Bei genauerem Hinhören scheint es sich um einen Wunsch zu handeln; gemeint sein könnte also: Der Herr möge mit euch sein! Das ergäbe schon eher Sinn, zumindest am Anfang der Eucharistiefeier und dann, wenn wir wieder auseinandergehen, ein jeder in seinen Lebensalltag hinein. Aber warum ein solcher Wunsch auch vor dem Evangelium? Und warum noch einmal vor der Präfation, dem Beginn des eucharistischen Hochgebetes? Und überhaupt: Warum sollte der Zelebrant uns etwas wünschen, was doch

eigentlich ohnehin – unserem Glauben entsprechend immer schon – Realität ist? „Gott *ist* mit
uns am Abend und am Morgen und ganz gewiss
an jedem neuen Tag ..." (Dietrich Bonhoeffer).

„*Und mit deinem Geist*", antwortet die Gottesdienstgemeinde. Heißt das, wieder als Wunsch
verstanden, der Herr möge auch mit dem Geist
des Priesters, also mit dessen Verstand, mit dessen Seele sein? Aber wenn wir dem Zelebranten
schon wünschen, was doch auch auf ihn bezogen
eigentlich immer schon Realität ist, sollten wir
dann nicht besser sagen: „Und auch mit dir!", wie
es – fälschlicherweise, wie wir sehen werden –
schon vielerorts Brauch geworden ist?

Vielleicht hilft uns beim Nachdenken über den
wirklichen Sinn dieser Worte die lateinische Ori-
ginalfassung weiter. „Dominus vobiscum", sagt der
Zelebrant in der lateinisch gefeierten Heiligen
Messe, und die Gläubigen antworten: „Et cum
spiritu tuo." Doch da steht kein Verb zwischen
dem „Dominus" (Herr) und dem „vobiscum" (mit
euch), weder ein „sit" (sei) noch ein „est" (ist).
Der Zuruf des Zelebranten hat die grammatische
Form eines Nominalsatzes und heißt, wortwörtlich übersetzt: „Der Herr mit euch." Das aber
kann beides bedeuten: „Der Herr sei mit euch"
und „Der Herr ist mit euch". – Um Klarheit zu
gewinnen, müssen wir also noch hinter die lateinische Fassung zurückgehen. Und da ist der Blick
in die Bibel nötig, denn daraus hat die frühe Kir-

che beide Sätze, den Zuruf und die Antwort darauf, entnommen.

Der Zuruf, der erste Teil dieses liturgischen Wortwechsels, findet sich mehrfach bereits im Ersten Testament, in unterschiedlichen Schriften, und ebenso im Neuen Testament, sowohl an einzelne Personen gerichtet („… mit dir") wie auch an mehrere („… mit euch").[29] Zwar steht auch in den biblischen Sprachen – Hebräisch und Griechisch – kein Verb in diesem Wortgebilde, aber aus dem jeweiligen Textzusammenhang lässt sich relativ sicher erschließen, ob das eine Mal ein Wunsch, das andere Mal eine schon bestehende Realität ausgedrückt wird. Entsprechend geben ihn die deutschen Bibelausgaben mit „sei" oder mit „ist" wieder. – Auch vom biblischen Befund her wären also beide Übersetzungen möglich. Um eine bloße Grußformel handelt es sich jedenfalls an keiner der biblischen Stellen, wenngleich dieses Wort mehrfach *im Rahmen* einer Begrüßung oder eines Abschiedsgrußes vorkommt, in erweiterten Formen zum Beispiel in den Paulusbriefen.[30]

Eine gewisse Priorität für die Wiedergabe des liturgischen „Dominus vobiscum" mit „Der Herr *ist* mit euch" ergibt sich aber aus dem Lukasevangelium. Dort (Lk 1,28) folgt dieser Zuspruch auf den Gruß des Engels an Maria. „Sei gegrüßt, du Begnadete", sagt Gabriel, und dann: „Ho kýrios metà sou" – wörtlich: „Der Herr mit dir" (lateinisch: „Dominus tecum"). Und das ist im Erzählzusammenhang sicher nicht als Wunsch zu verstehen. Alle deutschsprachigen Übertragungen, von den Bibelübersetzungen bis zur deutschen Fassung des AVE MARIA, lauten: „Der Herr *ist* mit dir."

Der Zuruf des Zelebranten muss tatsächlich so verstanden werden. Er ist als Zusage, nicht als Wunsch gemeint. Die liturgischen Richtlinien selbst deuten ihn so. Hier ruft der Zelebrant, heißt es in der ALLGEMEINEN EINFÜHRUNG ZUM RÖMISCHEN MESSBUCH (von 1969), „der versammelten Gemeinde durch den Gruß die Gegenwart des Herrn ins Bewusstsein".[31] Es handelt sich hier, so kommentiert der Liturgiewissenschaftler Theodor Schnitzler in seinem „Klassiker" WAS DIE MESSE BEDEUTET (von 1976), um die „Feststellung einer Tatsache".[32]

Von der Bibel her wird auch verständlich, was der zweite Teil dieses Wortwechsels zwischen dem Priester und den Gottesdienstteilnehmern bedeutet. Denn die Antwort „Und mit deinem Geist" ist ebenfalls biblischer Herkunft. „Ho kýrios metà tou pneumatós sou − Der Herr mit deinem Geist!", heißt es am Schluss des zweiten Timotheusbriefes (2 Tim 4,22). Auch hier steht kein Verb, weder ein „sei" noch ein „ist". Und nicht von „nous" und nicht von „psyché", nicht vom Verstand und von der Seele des Angesprochenen ist die Rede, sondern vom „pneuma", vom

Geist Gottes – entsprechend im liturgischen Latein nicht vom „mens" oder der „anima" des Zelebranten, sondern vom „spiritus", vom Heiligen Geist! Es geht hier, erläutert ein liturgiewissenschaftliches Kommentarwerk, nicht um die „Privatperson des Priesters", sondern um „das pneuma, das im Priester wirksam ist"[33].

Wenn wir also den ersten Teil, den Zuruf des Zelebranten, nicht als Wunsch, sondern als „Feststellung einer Tatsache" hören, dann ist auch in diesem zweiten Teil nicht ein „sei", sondern ein „ist" mitzudenken. „Et cum spiritu tuo – Und mit deinem Geist" bedeutet dann nicht „Der Herr *sei* mit deinem Geist", sondern „Der Herr *ist* mit deinem Geist". Und gemeint ist dann nicht „Der Herr ist mit deinem Verstand" oder „Der Herr ist mit dir", sondern: Der Herr ist in dem Geist (Gottes), den du jetzt durch Wort und Ritus verkünden wirst, oder „deutscher" ausgedrückt: Der Herr selbst spricht in dem, was du uns jetzt sagen und mit uns tun wirst.

Im Klartext: Dem Zelebranten „Und mit deinem Geist" zuzurufen, ist wie ihm sagen: Denk dran, lieber Pfarrer, der Herr ist es, der sein Evangelium verkündet – nicht du! Der Herr ist es, der jetzt das „Herrenmahl" mit uns feiert – nicht du! Und der Herr ist es, der uns segnet und uns wieder hinein in den Lebensalltag schickt – nicht du! Theodor Schnitzler, der genannte Altmeister unter den Erklärern der nachkonziliaren

Messliturgie, schrieb seinerzeit klar und präzise: „Der Herr spricht. Er wird vertreten vom Priester"[34] – nur *vertreten* vom Priester! Und das heißt auch: Spricht der Zelebrant zum Beispiel in der Auslegung des Evangeliums, also in der Predigt, nicht im Geist des Herrn, dann spricht jetzt nicht der Herr durch ihn!

Aber: „Der Herr", wer ist „der Herr"? Das Wort kommt so häufig und so selbstverständlich im Gottesdienst vor – und im christlichen Glaubensleben überhaupt –, dass uns kaum mehr bewusst ist, wovon wir da reden. Nur Außenstehenden, wie den vielen Religionslosen bei uns im Osten Deutschlands, fällt noch auf, wie oft wir Christen vom „Herrn" sprechen, und sie wundern sich darüber, da „Herr" doch einen eher feudalistischen Klang habe und eigentlich nicht mehr in unsere Zeit passe. Wer also ist „der Herr"? Auch hier hilft uns der Blick in die Bibel weiter.

Das Erste Testament kennt das Wort Herr, auf Gott bezogen, eigentlich nicht. Im hebräischen Text steht es nicht geschrieben, es wird nur beim Lesen gesprochen. Jüdische Gläubige lesen „adonaj" – „der Herr" oder „mein Herr" –, wo im Hebräischen die vier Konsonanten JHWH stehen. Fast siebentausend Mal kommt dieses Tetragramm (Vier-Buchstaben-Zeichen) in der hebräischen Bibel vor. JHWH (Jahweh) ist der Gottesname im jüdischen Volk. Er wird nicht ausgesprochen, nicht als Gottesbezeichnung und Gottesanrede benutzt, weil es ein Name ist, mit dem Gott sich selbst bezeichnet und den folglich nur er aussprechen kann; ein Name, der eher empfunden wird als ein Wort Gottes an die Menschen denn als ein Menschenwort für Gott. Die Mose-Erzählungen bringen das zum Ausdruck, indem sie Gott selbst sagen lassen: „Ich bin JHWH" (Ex 6,2 u. ö.). Was Hebräer da hör(t)en, ist nur schwer ins Deutsche übertragbar; wir müssten übersetzen: „Ich bin WER ICH BIN", „Ich bin WER ICH DA BIN" und „Ich bin WER INS DASEIN SETZT", zugleich aber auch, weil das hebräische „Ich bin" hier grammatisch im ewigen Präsens, also für alle Zeitformen, steht: „Ich bin/Ich war/Ich werde sein WER ICH DA WAR/ WER ICH DA BIN/WER ICH DA SEIN WERDE".

Aus Achtung vor dem jüdischen Brauch, diesen Gottesnamen nicht auszusprechen, steht in den deutschen Bibelübersetzungen für JHWH in der Regel immer, dem hebräischen adonaj entsprechend, „der Herr". Auch die Juden, die in biblischer Zeit im Ausland lebten und eine andere Muttersprache hatten – im östlichen Mittelmeerraum meist die griechische –, sagten und lasen „der Herr", im Griechischen also „kýrios" bzw. „kýrie" in der Anredeform. Selbst die für sie ins Griechische übersetzten Heiligen Schriften Israels, die schon einige Jahrzehnte vor Jesus entstandene SEPTUAGINTA-Übersetzung, schreibt statt JHWH „kýrios". Wenn demnach zum Beispiel

Saul zu David sagt: „Geh, der Herr mit dir" (1 Sam 17,37), steht im hebräischen Originaltext „Geh, JHWH mit dir", in der Septuaginta „Ho kýrios mit dir". Gemeint ist also: „Gott, der Ich bin da, mit dir." Auch das Wort des Engels an Maria im Lukasevangelium – „Ho kýrios metà sou" (Lk 1,28) – kann nur so, also auf JHWH bezogen, gemeint sein.

Herr, das ist im jüdischen Volk nicht ein Wort, mit dem man Herr Meyer und Herr Schulze sagt; der Herr, das ist Gott als der „Herr der Heerscharen" (Ps 24, 46 u. 84), der Herr über die Heerscharen der polytheistischen Götter, der „Herr des Himmels und der Erde" (Tob 7,17; Rut 9,12); und das hat in jüdischen Ohren weder einen feudalistischen noch einen rein männlichen oder gar einen patriarchalischen Klang.

In der Überzeugung, dass der hingerichtete Jesus nun als der von Gott Auferweckte bei seinem Abba-JHWH lebt und mit ihm das göttliche Dasein teilt, nannten die frühen Christen, die zumeist Griechisch sprachen, auch ihn schon bald den „kýrios" und redeten ihn mit „kýrie!" an. Auch von Jesus, dem kýrios, durften sie glauben: Er ist der Ich bin da – der da war, da ist und da sein wird.

„Der Herr ist mit euch – und mit deinem Geist", das meint folglich in der Eucharistiefeier: Jesus, der auferstanden-lebendige Kyrios ist da! Und mit ihm selbstverständlich sein Abba-JHWH und sein Heiliger Geist, der Gott, in dessen Namen der Gottesdienst begann: „Im Namen des Vaters und des Sohnes und des Heiligen Geistes." Dieser Kyrios Jesus ist „mit euch", den Gottesdienstteilnehmern, und er ist in dem, was der Zelebrant, erleuchtet vom *Heiligen* Geist, nun sagen und tun wird.

Die Heilige Messe beginnt also nicht mit einem bloßen Wunsch. Der Ruf „Dominus vobiscum" will auf eine Realität aufmerksam machen. „Der Herr ist da, und um *ihn* geht es jetzt in dieser Feier!", ruft der Zelebrant der versammelten Gemeinde zu – damit wir nämlich den Gottesdienst schon von Beginn an so mitvollziehen, wie es dem Programmwort Jesu für die gesamte Eucharistiefeier entspricht: *indem wir uns ihn vergegenwärtigen.*

Die Heilige Messe beginnt folglich auch nicht mit dem Schuldbekenntnis. Zu diesem verbreiteten Missverständnis konnte es nur kommen, weil der einleitende Wechselruf als harmlose Gruß- und Wunschformel verstanden wurde, auf die dann scheinbar gleich das Eigentliche folgt, der Bußritus. Und das nährte ein noch grundsätzlicheres Missverständnis: dass man Jesus und seinem Gott nur unter die Augen treten dürfe, wenn man rein von Schuld und Sünde sei. Ein fataler Irrtum! Dem Jesus, der uns Gott als den bedingungslos und vorleistungsfrei liebenden Abba-

JHWH offenbarte, dürfen wir *mit* unserer Schuld unter die Augen treten. Deshalb steht die *Vergegenwärtigung* Jesu am Beginn der Eucharistiefeier, nicht der Bußritus. Der Bußritus *folgt* der Zusage, dass er „mit uns" ist. Diese Zusage macht ein ehrliches Schuldeingeständnis überhaupt erst möglich – und jetzt, in der gemeinsamen Eucharistiefeier, nicht nur bezogen auf die persönliche Schuld des Einzelnen, sondern auch bezogen auf die Schuld der Gemeinschaft, der lokalen und der universalen Kirche.

„Der Herr *ist* mit euch!" – das ins Bewusstsein zu rufen, ist dann durchaus auch mehrmals während des Gottesdienstes angebracht. Wenigstens noch einmal vor dem Evangelium – damit wir daran denken: Jetzt wird nicht einfach nur aus einem Buch vorgelesen, auch nicht einfach nur aus der Bibel; jetzt spricht ein Jemand zu uns, und zwar nicht der Pfarrer, sondern „der Herr"! Und wenigstens vor dem Hochgebet, in dessen Zentrum die Abendmahlsworte Jesu stehen – damit wir daran denken: Das sagt und tut jetzt nicht Pfarrer Franz Lehmann, sondern „der Herr"! Und unbedingt noch einmal am Schluss der Feier – damit wir in dem Bewusstsein nach Hause gehen: „Der Herr" ist nicht nur im Gottesdienst da; wir sind in keiner Lebenssituation und an keinem Ort der Welt ohne ihn!

Seit mir dieser biblisch-ursprüngliche und in der Liturgiesprache eigentlich gemeinte Sinn bewusst geworden ist, höre ich, wenn ich als Priester Eucharistie feiere, die Antwort „Und mit deinem Geist" als Zusage einer Realität auch an mich. Dass mir dies ins Bewusstsein gerufen wird, ist ebenfalls mehrmals während des Gottesdienstes angebracht – damit auch ich, der Zelebrant, aus der Routine und Gott-vergessenen Unaufmerksamkeit herausgeholt werde und mir den *vergegenwärtige*, in dessen Namen ich am Altar und am Ambo stehe.

Die Liturgie selbst also weist uns darauf hin – vier Mal innerhalb einer einzigen Heiligen Messe –, worum es geht in der Eucharistiefeier: um den Kyrios, um ihn zuallererst! Er ist die Hauptperson in dieser Feier, nicht der Zelebrant und nicht diejenigen, die den Gottesdienst mitgestalten; auch der Chor und das Orchester nicht, die eine Mozartmesse „aufführen"; selbst das Brautpaar in einem Traugottesdienst nicht, nicht der Bischof, der anlässlich seines siebzigsten Geburtstags zum Festgottesdienst geladen hat, und nicht der Papst bei der Eucharistiefeier mit Zehntausenden im Fußballstadion. Auch um die Kirche geht es nicht, sondern um den, dem es um die Kirche geht!

Die Menschen, denen das bewusst wird während „der Kirche", die beginnen *Kirche* zu werden in der Kirche. Es gibt sie, sie sind da, auch heute, in einer der schlimmsten Krisen in der Geschichte der Kirche; es sind sehr viele, unter den Laienchristen wie unter den Priestern, den Ordensleuten und den Bischöfen. Ihnen gilt es, den Rücken zu stärken.

Einmal, wenigstens ein Mal nach dem „Dominus vobiscum – et cum spiritu tuo", dann aber unmittelbar vor dem Zentralgeschehen der Eucharistiefeier, dem Hochgebet mit den Abendmahlsworten Jesu, folgt der Zuruf: „Erhebt die Herzen!" Und das heißt: Die Zusage, dass Jesus, der Herr, mit uns ist, will nicht nur gehört und mit derselben Zusage an den Zelebranten gerichtet beantwortet werden; sie will vor allem *an den Herrn gerichtet* beantwortet werden. „Erhebt die Herzen!", sagt der Zelebrant und meint damit: *Denkt jetzt an ihn,* der bei euch und mit euch ist! Beteiligt euch am Gottesdienst nicht nur mit den Lippen, sondern mit dem Herzen! *Vergegenwärtigt* euch, dass er da ist, sprecht mit ihm, hört zu ihm hin, verweilt bei ihm, seid im Herzen mit ihm zusammen ... Denn *darin* besteht, jedenfalls zuallererst, die „bewusste und tätige Teilnahme" an der Eucharistie.

Wenn die Gottesdienstteilnehmer darauf antworten „Wir haben sie beim Herrn", dann spreche auch ich als Zelebrant mit. Damit wir gemeinsam – sie und ich – werden, was wir sind: eine Gemeinschaft von Menschen, die „zum kýrios gehören".

Beten – mit und ohne Doppelpunkt

Es war eine eher zufällige Entdeckung. Als ich einmal für einen Gottesdienst Gebetstexte zusammenstellte, fiel mir auf, dass in den liturgischen Büchern hinter dem „Lasst uns beten" nie der Doppelpunkt steht. Da steht nur der einfache Punkt. Bis dahin hatte ich das „Lasst uns beten" vor dem Tagesgebet, dem Gabengebet und dem Schlussgebet immer als Einleitung zu den dann folgenden Gebetsworten verstanden, nach dem Schema: Lasst uns beten, Doppelpunkt, und dann folgt, was wir beten. Doch dieser „gefühlte Doppelpunkt" existierte nicht, jedenfalls nicht im Messbuch ... Aufmerksam geworden, las ich in der ALLGEMEINEN EINFÜHRUNG IN DAS RÖMISCHE MESSBUCH nach und fand zum ersten dieser drei Gebete, die man die Präsidialgebete, d. h. die vom Zelebranten vorgebeteten Gebete nennt, folgenden Hinweis: „Der Priester lädt die Gemeinde zum Gebet ein; in einer kurzen gemeinsamen Stille soll sich jeder auf die Gegenwart Gottes besinnen und sein eigenes Gebet im Herzen formen. Dann betet der Priester das Tagesgebet (das auch ‚Kollekte' – zusammenfassendes Gebet – genannt wird)."[35] Ein Kommentar, zu dem ich dann griff, erläuterte, das Tagesgebet, wie auch das Gabengebet und das Schlussgebet, sei „der zusammenfassende Schlusspunkt einer ganzen Gebetsbewegung, die ihm vorausgeht", ein Gebet „zum Zwecke einer Synthese des stillen Gebetes aller Gläubigen, das jeder für sich verrichtet".[36]

Freilich, zumindest während des Theologiestudiums musste ich das so ähnlich schon einmal gehört haben. Aber es war mir nicht in Erinnerung geblieben; wohl deshalb, weil ich schon damals die Praxis der Zelebranten durchweg anders erlebte. Zwischen dem „Lasst uns beten" und dem Tagesgebet lag bestenfalls ein Atemzug – wenn der Ministrant, der das Messbuch an den Priestersitz zu bringen hat, nicht gerade trödelte. Und ich selbst hatte es dann später als Zelebrant auch so praktiziert, viele Jahre lang. Jedenfalls gefiel mir sehr, was ich da entdeckte, und ich begann nun, die genannte „kurze gemeinsame Stille" einzuhalten und versuchte, immer erst ein „eigenes Gebet im Herzen (zu) formen".

Aber irgendwie klappte das nicht. Ich jedenfalls kann selbst in drei oder vier Atemzügen kein „eigenes Gebet im Herzen formen". Und dass die Mitfeiernden es können – „jeder", heißt es ja in der Einführung zum Messbuch, soll das tun –, daran hatte ich meine Zweifel.

Von nun an keinen Zweifel mehr hatte ich dagegen an einer schon länger gehegten Vermutung: Die offiziellen liturgischen Richtlinien und die Kommentare der Liturgiker sind nicht in jedem Fall aus der persönlichen Erfahrung des inneren, geistlichen Mitvollzugs heraus geschrieben worden. Manches ist, wie auch andere Anweisungen zum liturgischen Ablauf der Eucharistiefeier zeigen, wohl eher gelehrsamer Schreibtischliturgik entsprungen ...

Dennoch, ich blieb dabei und konnte mich in dieser „kurzen gemeinsamen Stille" – nach dem „Lasst uns beten" mit dem einfachen Punkt – zumindest, wie es in der genannten Anweisung heißt, „auf die Gegenwart Gottes besinnen", also noch einmal innerlich-bewusst zu Gott hindenken, mir Gott vergegenwärtigen. Das gelang mir durchaus, und es hilft mir bis heute, das dann folgende Gebet nicht nur vorzulesen, sondern wirklich zu beten. – Doch nun kam das nächste Problem.

Zunehmend merkte ich jetzt, dass sehr viele dieser Gebetstexte – so, wie sie auf Deutsch im Messbuch stehen – zum wirklichen Beten nicht geeignet sind. Mögen Liturgiegeschichtler, Dogmatiker und Sprachästheten sie auch über alles preisen, ihre Herkunft aus alten liturgischen Quellen beschwören, ihren theologischen Reichtum loben und ihre klassische Form stilsicherer römischer Kunstrede bewundern: Worte zum Beten sind es – meistens – nicht. Das merken, so wie ich, sehr viele Zelebranten. Und das merken vor allem auch diejenigen in der Gottesdienstgemeinde, die innerlich mitbeten möchten, was der Zelebrant ihnen vorbetet.

Wie manch anderer Messbuchtext auch, sind diese Orationen aufgrund ihrer zwar kunstvollen, aber künstlich wirkenden Kirchensprache einfach zu wenig verständlich und zu wenig mitvollziehbar; einmal ganz abgesehen von „ihrem oft dürftigen Inhalt", wie der Liturgiewissenschaftler Rupert Berger schon 1971 in seiner Einführung in die neue Messliturgie konstatierte.[37] Sie berühren nicht, und sie bewegen nicht. Sie „landen" nicht einmal, sie fliegen am Ohr vorbei ... Jörg Sieger, ein Gemeindepfarrer und promovierter katholischer Theologe, bemerkt auf seiner Internetseite, diese Texte seien zwar „Schöpfungen lange tradierter lateinischer Rhetorik, die bei Literarhistorikern ob ihrer vollendeten Form allerhöchstes Ansehen genießen", doch „eine gewisse Unterkühltheit des Gefühls, relativ schwere Verständlichkeit, Armut an biblisch-bildlichem Ausdruck und damit eine Fülle von Verstehens-Schwierigkeiten sind die Kehrseite der Medaille."[38] Ich kann ihm nur zustimmen.

Beabsichtigt war ein solches Ergebnis von den Konzilsvätern, die der Liturgiereform den Weg bereitet hatten, freilich nicht. In der LITURGIEKONSTITUTION hatten sie gefordert: „Bei dieser Erneuerung (der Heiligen Messe) sollen Texte und Riten so geordnet werden, dass sie das Heilige, dem sie als Zeichen dienen, deutlicher zum Ausdruck bringen, und so, dass das christliche Volk sie möglichst leicht erfassen und in voller, tätiger und gemeinschaftlicher Teilnahme mitfeiern kann."[39] Aber, so fragt sich inzwischen nicht nur „das christliche Volk", ist diese Forderung tatsächlich eingelöst worden?

Helmut Hoping, Professor für katholische Dogmatik und Liturgiewissenschaft, wagt in einem Artikel von 2009 folgende Antwort: „Das Hauptziel des Konzils und der Liturgiereform bestand darin, ‚das christliche Leben unter den Gläubigen mehr und mehr zu vertiefen' (SC 21). Fünfundvierzig Jahre später fragen wir ernüchtert, ob die Liturgiereform ... wirklich zu einer Vertiefung des christlichen Lebens der Gläubigen geführt hat. In der Liturgie sind die Gläubigen zwar in der Lage zu verfolgen, was sich am Altar ereignet, doch verstehen sie es immer weniger."[40] Und das betrifft eben auch viele jener Texte, die das Messbuch für das Tagesgebet, das Gabengebet und das Schlussgebet vorsieht.

Gewiss, es gibt „ein Verstehen des Herzens, das über das Verstehen der Worte hinausreicht", wie der Konzilstheologe Joseph Ratzinger schon zehn Jahre nach der Einführung der neuen Messliturgie anmerkte; nach diesem „Verstehen des Herzens sollten wir vor allem suchen", schrieb er damals, die Schwierigkeiten mit der liturgischen Sprache klar im Blick.[41] Doch ich bin wohl zu sehr vom Geist meiner Ordensmutter angesteckt, als dass ich mich mit gut gemeinten Argumenten dieser Art trösten lassen könnte. Teresa von Ávila

(1515–1582), der ja immerhin von Papst Paul VI. im Jahr 1970, wenige Jahre nach dem Konzil, der Titel „Lehrerin der Kirche" verliehen worden ist, hat ihren geistlichen Töchtern und Söhnen eine andere Auffassung mit auf den Weg gegeben. Am Beispiel des VATERUNSER und des CREDO machte sie ihren Mitschwestern klar: „Man soll uns nicht sagen können, wir würden selber nicht verstehen, was wir beten. Sonst können wir uns gleich an die verbreitete Meinung halten: ‚Das Rezitieren der Gebetstexte genügt.' Ob das genügt oder nicht – in diese Diskussion möchte ich mich nicht einmischen, dazu sollen sich die Gelehrten äußern. Was jedenfalls uns angeht, Töchter, so will ich, dass wir uns damit nicht begnügen! Wenn ich bete: ‚Ich glaube ...', dann ist es meiner Meinung nach notwendig, dass ich es mit Verstand sage und dass ich weiß, an was ich glaube; und wenn ich bete: ‚Vater unser ...', erfordert es schon die Liebe, dass ich mich darauf besinne, wer dieser unser Vater ist, und ebenso, dass ich daran denke, wer der Meister ist, der uns dieses Gebet lehrte."[42] Und wenn ich Eucharistie feiere, so möchte ich im Sinne meiner Ordensmutter hinzufügen, „erfordert es schon die Liebe", dass ich mitvollziehe, was wir beim „Mahl des Herrn" – bei *seinem* Mahl – tun und sagen ...

Das derzeitige Messbuch selbst, das deutschsprachige jedenfalls, bietet uns Zelebranten eine Vielzahl von Gebetstexten an, die sich – nicht nur meiner Erfahrung nach – besser zum Beten und Mitbeten eignen als viele der aus dem Römischen Missale übersetzten Orationen: unter anderem 41 „Tagesgebete zur Auswahl", 12 „Gabengebete zur Auswahl" und 15 „Schlussgebete zur Auswahl". Aus diesem Fundus können wir Zelebranten doch schöpfen!

Und was spricht dagegen, gelegentlich auch aus dem reichen Fundus der Gebete zu schöpfen, die uns von den Heiligen, den Kirchenlehrern und anderen großen Gestalten des geistlichen Lebens überliefert sind? Oder dass ich als „Präside" an dieser Stelle ein Lied anstimme, das sich in der Du-Form an Gott wendet, und so – ohne Orgelbegleitung! – alle gemeinsam *singend* beten? Im katholischen Gotteslob sind die (gewiss wenigen) Lieder in der Du-Form die inhaltlich tiefsten, die ohnehin mehr betend als schmetternd oder piepsig zu lautem Orgelspiel gesungen sein wollen. Ist es denn wirklich so wichtig, dass die Gebetsanrede immer ganz formal und förmlich, wie in den Orationen des Römischen Missale, „an den Vater, durch Jesus Christus, im Heiligen Geist" gerichtet ist? Das ist in solchen Gebeten und Liedern freilich nicht immer vom formalen Textaufbau her der Fall, wohl aber doch vom inneren Mitvollzug her. Gerade in der Schatztruhe der geistlichen Tradition der Kirche, bis in die Gegenwart hinein, finden wir Gebetstexte und Lied gewordene Gebete, die wirklich *Gebete* sind –

die nicht, um mit Hans Urs von Balthasar (1905–1988) zu sprechen, einer „sitzenden", sondern einer „knienden Theologie" entsprungen sind ...

Und selbstverständlich muss es möglich sein, die Gebetstexte des Messbuchs sprachlich so umzuformulieren, dass sie aus dem Herzen gesprochen und in den Herzen mitgebetet werden können. Die frühe Kirche hat sich sogar das VATERUNSER, das Gebet, das Jesus selbst die Jünger lehrte, „zurechtgebetet" (Heinz Schürmann)[43], wie die unterschiedlichen Vaterunser-Überlieferungen im Matthäus- und Lukasevangelium sowie in der DIDACHÉ zeigen.[44] Zumindest für die „Messfeiern kleiner Gruppen" hat die Deutsche Bischofskonferenz schon 1970 – mit Berufung auf ein vatikanisches Schreiben von 1969 (die so genannte „Übersetzer-Instruktion", die unter uns Priestern leider viel zu wenig bekannt ist) – ausdrücklich eingeräumt: „Er (der Zelebrant) kann unter Wahrung des Grundgedankens der Vorlage sein Gebet so formulieren, dass es den Bedürfnissen einer heutigen Feier besser entspricht."[45] Dass damit nicht einer Verflachung der Gebets*inhalte* das Wort geredet ist, versteht sich für Menschen, denen es in der Eucharistiefeier um den Kyrios geht, von selbst. Die Sorge, gerade auch mancher Bischöfe, dass dabei die Glaubensinhalte auf die momentane Fassungskraft der Gläubigen oder des Zelebranten reduziert werden könnten, halte ich in Einzelfällen durchaus für berechtigt; doch deshalb grundsätzlich Wortwörtlichkeit einzufordern, hieße nichts weniger, als den liturgischen Formalismus zu fördern und so den Teufel mit Beelzebul auszutreiben!

„Lasst uns beten" – *beten* –, heißt die dreimalige Einladung in der Eucharistiefeier! Wie auch immer wir das zu ermöglichen versuchen, als Zelebranten wie als Gläubige in den Bänken, die Weisung, die uns der Apostel Paulus am Anfang der Kirche für alle Zeiten mit auf den Weg gegeben hat, darf nicht in Vergessenheit geraten: „Er (Gott) hat uns fähig gemacht, Diener des Neuen Bundes zu sein, nicht des Buchstabens, sondern des Geistes. Denn der Buchstabe tötet, der Geist aber macht lebendig" (2 Kor 3,6; vgl. Röm 7,6). Dieser Geist, der uns zu wirklichem Beten erst fähig macht (vgl. Röm 8,26 u. a.), ist beim Vortragen der Eucharistie-Gebete auch durch einen scheinbar kirchentreuen Rubrizismus nicht zu ersetzen. Und schon gar nicht durch einen salbungsvollen Redestil.

Helmut Hoping, der oben genannte Theologe, schlussfolgert aus seiner gewiss zutreffenden Beobachtung: „In der gegenwärtigen Stunde braucht es nicht nur eine Neuevangelisierung, sondern eine neue liturgische Bewegung, die als primäres Ziel eine angemessene liturgische Mystagogie haben müsste."[46] Diese Schlussfolgerung gilt meines Erachtens gerade auch für das, was in der Eucharistiefeier auf die Einladung „Lasst uns beten" – mit oder ohne Doppelpunkt – folgt.

„Liturgische Mystagogie", damit ist sicherlich nicht gemeint, dass den Gläubigen die jeweils vorgetragenen, für sie zu wenig verständlichen Gebetstexte immer erst erklärt werden sollten. Gemeint kann auch nicht sein, dass den Mitfeiernden und den Zelebranten beizubringen sei, wie man in der „kurzen gemeinsamen Stille" zwischen Punkt und Gebetstext nun doch noch ein „eigenes Gebet im Herzen formen" kann. Mystagogie ist nicht Belehrung. Mystagogie (griechisch: ágein = führen) ist *Hinführung* zur Mystik und *Einführung* ins Mysterium. Belehrungen können dieses *Führen*, dieses Mit-Hineinnehmen nicht ersetzen.

Mystik, im christlichen Sinne verstanden, meint ja ein persönliches, innerliches Beziehungsverhältnis zu Gott; mystisch – zu Deutsch: innerlich – ist das, was sich im Herzen eines Menschen vollzieht, wenn er sich Gott vergegenwärtigt und sich ihm betend zuwendet, innerlich-persönlich, von Ich zu Du. Mystagogie kann demnach nur dadurch geschehen, dass da jemand vor-betet – und dabei wirklich vor-*betet*, nicht Gebetstexte nur vorträgt, mögen sie auch noch so geschliffen formuliert und theologisch durchkonstruiert sein. Das wollten zum Beispiel die Altväter im Karmelitenorden zum Ausdruck bringen – noch vor Teresa von Ávila –, als sie für ihr Leben und Wirken das Leitmotiv wählten: „In contemplationem alios ducere – andere hineinführen ins kontemplative, mystische Leben."

Und *Mysterium* meint Geheimnis. Geheimnis nicht im Sinne von etwas Unbekanntem, Rätselhaftem oder gar Geheimgehaltenem, sondern im Sinne von Tiefe, Größe und Weite. Liturgische Mystagogie heißt: andere mit hineinnehmen in das Tiefe, Große und Weite, das wir in der Eucharistie feiern, in „das Heilige", dem die Texte und Riten der Liturgie „als Zeichen dienen" (LITURGIE-KONSTITUTION, s. o.). Auch das wird einem Zelebranten nur in dem Maße gelingen, wie er selbst von diesem Geheimnis hinter den Zeichen berührt ist.

Was also wäre zu tun im Sinne einer „angemessenen liturgischen Mystagogie"? Die Antwort ist einfach. Was zu tun wäre, ist: eben *wirklich beten* – nicht nur in der „kurzen gemeinsamen Stille" nach dem Punkt hinter dem „Lasst uns beten", sondern auch beim Sprechen der Gebetsworte danach. Das werden wir freilich – als Zelebranten wie als Mitfeiernde – nur können, wenn wir es auch im Lebensalltag tun. Es mag moralisierend klingen, ist aber nichts anderes als Erfahrungstatsache: Wer nicht im Alltag das Mysterium Gottes entdeckt hat, wird es auch im Gottesdienst nicht feiern und nicht mitfeiern können. Wer nicht im Alltag Mystiker ist, wird es auch in der Eucharistiefeier nicht sein. Wer seine täglichen Gebete – wenn überhaupt – nur „verrichtet" oder „persolviert", wird auch in der Eucharistiefeier nur „die Messe lesen" und seinen „Messbesuch" absolvieren. Und da liegt, das ist mir im Laufe der Jahre immer mehr klar geworden, das eigentliche Problem! Nicht das Problem mit der Eucharistiefeier nur, sondern grundlegender: das Problem mit unserem Kirche-Sein.

Kirche – als *Kyriaké* – ist die Gemeinschaft derer, die „zum kýrios gehören", nicht nur vom sprachlichen *Wort*-Sinn her, sondern auch ihrem *Wesens*-Sinn nach. Aber dieses wesensmäßige (ontische) Kyriaké-Sein hat, wie schon eingangs gesagt, zwei Seiten: Vom Kyrios selbst her gesehen, gehören die, die er „an sich gezogen" (s. Joh 12,32) und mit seinem Geist berührt hat – ja letztlich alle Menschen und Geschöpfe Gottes –, *immer* zu ihm. Doch von uns her gesehen, kann diese Zugehörigkeit inaktiv sein. Und dann gehören wir zwar immer noch zu *ihm*, aber er gehört, faktisch, nicht mehr zu *uns*; wir haben ihn verlassen. Kirche sein, als Zugehörigkeit zum Kyrios, ist ein beiderseitiges Geschehen. Anders gesagt: Kirche – im tiefgründigeren, geistlichen Sinne betrachtet – „ist" nicht. Kirche, als *kyriakè* ekklesía, *geschieht*. Von uns Menschen her geschieht sie dann, wenn wir uns betend dem Kyrios zuwenden, wenn da also „etwas läuft" zwischen mir und ihm. Tun wir das nicht, bleibt das Kirche-Sein von uns her inaktiv. In dem Maße, wie die Kyriaké in den Einzelnen geschieht oder nicht geschieht, geschieht sie oder geschieht sie nicht in der Summe dieser Einzelnen, in der konkreten Ecclesia vor Ort nicht und in der weltweiten Ecclesia nicht.

Aber auch in dem zweifachen Wort-Sinn von *ekklesía* – „Versammlung" und „Gemeinde/Gemeinschaft/Kirche" – steckt ein tiefer Wesens-Sinn: wie die Versammlung, so die Gemeinschaft, und wie die Gemeinschaft, so die Versammlung. Das eine bedingt das andere. Fehlt hier die betende, die persönlich-existentielle Verbindung mit dem Kyrios, fehlt sie auch dort, ist sie hier lebendig, dann ist sie auch dort lebendig.

Um es mit dem klassischen Kirchenbild des Epheserbriefes (4,15 f.)[47] zu sagen: Die Kirche ist krank, wenn die Verbindung der „Glieder" mit dem „Haupt", also der Christen mit Christus, nicht intakt ist. Sind die Nervenbahnen des menschlichen Körpers, der hier Bild und Gleichnis ist, zwischen den Hirnzentren und den einzelnen Gliedern gestört, hat das Folgen: Die betroffenen Glieder reagieren dann unkontrolliert und wirr oder gar nicht mehr ... Die Kirche ist dann ein (bestenfalls noch) merk-würdiger Verein, und ihre Gottesdienste werden (bestenfalls noch) zur Gemeindeveranstaltung, zu einem „Event" mit vielen Teilnehmern dann und wann, in der Regel aber zu dem, als was sie heute viele wache Christen erleben: zu einem Gott-leeren Kirchenkult.

Unter geistlich-existentiellem Aspekt betrachtet, der den dogmatisch-lehrhaften Aspekt noch einmal umgreift, genügt es nicht, von der Kirche als dem „mystischen Leib Christi" nur zu wissen und zu reden; die Verbindung zwischen Haupt und Gliedern – die von Christus her immer da ist – muss *gelebt* werden, sonst besteht sie nicht! „Das sollten die ach so Aktiven bedenken, die mit ihrem Gepredige und ihrem ganzen äußerlichen Gewerkel der Welt zu dienen meinen", schrieb einst mein Ordensvater Johannes vom Kreuz (1542–1591). „Sie sollten daran denken", so der Kirchenlehrer der christlichen Mystik, „dass sie der Kirche viel mehr nützten und Gott viel mehr Freude bereiteten, wenn sie wenigstens einen geringen Teil der dafür verwendeten Zeit betend mit Gott verbringen würden, selbst wenn ihr Gebet noch sehr armselig wäre. Der Zuwachs an geistiger Kraft, den sie darin geschenkt bekämen, würde sie befähigen, mit einer einzigen Aktion mehr und mit weniger Verausgabung ihrer Kräfte zu bewirken als mit ihren tausend anderen. Was sie tun, heißt sich abplagen und doch so gut wie nichts, mitunter überhaupt nichts zustande zu bringen, wenn nicht gar Schaden zu machen ... Denn die guten Werke werden nicht anders als aus der Kraft, die einem von Gott kommt, getan."[48] Und was Johannes-Maria Vianney (1786–

1859), der Pfarrer von Ars, einem äußerst geschäftigen Mitbruder schrieb, muss nicht nur Kleriker aufhorchen lassen: „Wenn Sie so weitermachen, werden Sie dem lieben Gott nichts als die entkräfteten Reste eines Herzens darbringen, das sich für Interessen verbraucht hat, die nicht die seinen sind."[49]

Deshalb: Lasst uns *beten* – mit und ohne Doppelpunkt.

Lesung aus

Es gibt wahrscheinlich nur wenige Christen, die so viele Lektorinnen und Lektoren erleben wie ich. Da bei uns im Exerzitienhaus die Lesung in der Eucharistiefeier meistens von einem der Kursteilnehmer übernommen wird, höre ich die Texte der Bibel fast jeden Tag aus einem anderen Mund, Woche für Woche, seit über zwanzig Jahren schon. Auch das hat mir geholfen – oder besser: Diese Frauen und Männer haben mir geholfen –, die Heilige Messe bewusster zu feiern und mitzufeiern.

Vorlesen, noch dazu vor vielen Leuten, ist freilich nicht jedermanns Sache. Zu dieser Form der aktiven Teilnahme am Gottesdienst fühlt sich wahrlich nicht jeder berufen, und ich habe immer volles Verständnis, wenn jemand, dem ich das Lektionar in die Hand drücken möchte, freundlich abwinkt. Andere haben durchaus die Begabung dafür, und manchen merkt man an, dass sie auch Übung und Erfahrung haben. Doch wie unterschiedlich tragen sie die Lesungen vor! Vom klerikalen Redestil (woher sie den wohl haben?) über die typisch katholische „Kirchentonart" – die es auch in der typisch evangelischen Variante gibt – bis hin zum Runterlesen ist so ziemlich alles dabei ... Oft aber horche ich auf.

Obwohl ich die Bibelstelle gut kenne, sie vielleicht sogar gerade erst vor dem Gottesdienst meditiert habe, höre ich sie wie neu – weil sie da jemand in ganz natürlicher Sprache vorträgt, ohne jede Theatralik, und weil ich spüre: Dieser Mensch weiß, was er jetzt tut und was er vorliest. Dann „wird Gottes Wort lebendig" (vgl. Hebr 4,12). Wach und aufmerksam hören wir zu, ich auf dem Priestersitz und die Gottesdienstteilnehmer auf ihren Bänken.

Auch ich hatte – bei meinem Lesepart, dem Evangelium – lange Zeit die „Kirchentonart" drauf; und ich habe es nicht einmal gemerkt. Diese Frauen und Männer haben sie mir abgewöhnt.

Was ist es, habe ich mich gefragt, was eine Lesung oder ein Evangelium im Gottesdienst so lebendig machen kann? Die Natürlichkeit des Sprechens, gewiss; nichts nimmt einem Bibeltext so sehr die Lebendigkeit wie ein eintöniger oder gar salbungsvoller Vorlesestil. Sicherlich auch die gut betonte, dem Sinn des Textinhalts entsprechende Vortragsweise. Letztlich aber, das wurde mir immer mehr klar, ist es die innere Einstellung. Es ist das Bewusstsein: Ich lese nicht einfach nur einen Bibeltext vor – der Kyrios selbst redet jetzt.

Dieses Bewusstsein „macht etwas" mit dem Vorlesenden. Er ist ganz er selbst in dem, was er nun tut, und er tritt doch ganz hinter dem zurück, in dessen Namen er spricht. Und das wiederum „macht etwas" mit den Zuhörenden ...

Was im Wortgottesdienst der Eucharistiefeier vorgelesen wird, sind nicht nur Texte. Hinter diesen
Texten redet eine Person! Es redet der auferstandene Jesus, der eben nicht nur der „erinnerte",
sondern der *jetzt gegenwärtige* ist. Er und sein
Abba-JHWH haben nun das Sagen – und glück-
lich die Gottesdienstgemeinde, die das auch an
der Art und Weise, wie die Texte vorgetragen
werden, spüren kann!

Seitens der Gottesdienstteilnehmer – der Zelebrant mit eingeschlossen – ist an dieser Stelle *hören* dran. Hören, das bedeutet, nicht nur aufmerksam zuhören, sondern das akustisch Gehörte
auch in die Seele aufnehmen, es in Herz und Verstand fallen lassen; es wie Maria „im Herzen
bewahren" und „darüber nachdenken" (vgl. Lk
2,19 u. 2,51). Dafür aber braucht es das Schweigen. Sonst kommt das in Lesung und Evangelium
Gehörte erst gar nicht in der Seele an. Und da sto-
ßen wir auf ein weiteres Problem: Unsere Gottesdienste sind zu sehr „Rede-Messen". Ein Lied
nach dem anderen, und dazwischen Worte,
Worte, Worte ...

Besorgt schrieb schon kurz vor der Jahrtausend-
wende Joseph Ratzinger: „Immer deutlicher werden wir inne, dass zur Liturgie auch Schweigen
gehört. Dem redenden Gott antworten wir sin-

gend und betend, aber das größere Geheimnis, das über alle Worte hinausgeht, ruft uns auch ins Schweigen ... Dass heute allenthalben Versenkungsübungen gesucht werden, eine Spiritualität des Leerwerdens, ist kein Zufall: Ein inneres Bedürfnis des Menschen meldet sich zu Wort, das in unserer gegenwärtigen Gestalt von Liturgie offenbar nicht zu seinem Recht kommt."[50] Mit dieser Einschätzung stand der Kardinal damals nicht allein. Das Problem, das er benannte, war seit Langem bekannt. „Die Liturgiker", so fuhr er in DER GEIST DER LITURGIE fort, „schlagen nun mancherlei Hilfen vor, die durchaus Bedenkenswertes enthalten. Aber soweit ich sehen kann, sperren sie sich nach wie vor gegenüber der Möglichkeit, dass Stille, gerade Stille, Gemeinschaft vor Gott bilden kann."[51] Die sich da „sperren", das waren gewiss nicht pauschal die Liturgiewissenschaftler; es waren wohl eher – und sind es auch heute noch – diejenigen „Liturgiker", die den Geist der Liturgie mit dem Bewahren alter liturgischer Traditionen oder, schlimmer noch, mit dem Buchstaben liturgischer Rubriken verwechseln.

Die „Sermonitis", das „Viele-Worte-Machen" (vgl. Mt 6,7), und damit einhergehend das mangelnde Schweigen sind ein grundsätzliches Problem in der Frömmigkeitspraxis. Im Wortgottesdienst der Eucharistiefeier aber wird es sehr konkret. In der PASTORALEN EINFÜHRUNG ZUM MESSLEKTIONAR (von 1981) heißt es dazu: „Der Wortgottesdienst soll in einer Weise gefeiert werden, dass er zur Besinnung führt. Es ist selbstverständlich, dass darum jede Eile vermieden werden muss, da sie der Sammlung im Wege steht. Das Zwiegespräch zwischen Gott und den Menschen unter dem Einfluss des Heiligen Geistes erfordert Augenblicke der Stille ... Solche Augenblicke der Stille sind im Wortgottesdienst an verschiedenen Stellen möglich, z. B. vor dem Beginn des eigentlichen Wortgottesdienstes, unmittelbar nach der Ersten und Zweiten Lesung und schließlich nach der Homilie."[52] Sehr klare Worte! Doch die Realität stellt sich anders dar: „Lesung aus ...", sagt die Lektorin vorn am Ambo, liest den Bibeltext vor, sagt unmittelbar nach der letzten Silbe „Wort des lebendigen Gottes", alle sagen „Dank sei Gott", die Orgel setzt ein – Lesung aus! Ich jedenfalls habe dann immer Mühe, mir den Inhalt der Lesung überhaupt zu merken, geschweige denn, dass ich ihn bedenken und mit Gott darüber in ein „Zwiegespräch" kommen kann.

Einmal, es ist mehrere Jahre her, las ein Mann aus einem meiner Exerzitienkurse sehr bewusst und ausdrucksvoll die Lesung vor. Nach den letzten Worten hielt er inne. Er wartete einen Moment. Dann ging er, ohne „Wort des lebendigen Gottes" gesagt zu haben, in die Bank zurück. Stille ... Im Augenblick war ich etwas irritiert. Doch dann merkte ich, dass das eben Gehörte noch immer „im Raum stand", wie noch immer gegenwärtig war ... Ich konnte es noch immer hören. Es war „im Ohr geblieben". Ja, mir war, als würde ich es jetzt erst wirklich hören, nun mit den inneren Ohren ... – Dieses Erlebnis war ein weiterer Meilenstein in meiner persönlichen Liturgiegeschichte.

Der Wechselruf „Wort des lebendigen Gottes – Dank sei Gott" mag ja theologisch sinnvoll sein, aber geistlich und vom inneren Mitvollziehen her betrachtet, das wurde mir nun klar, gehört er zu den Ungereimtheiten in der derzeitigen liturgischen Praxis. Er verhindert ja geradezu, dass das soeben Vorgelesene als „Wort des lebendigen Gottes" aufgenommen werden kann. Die Worte der Heiligen Schrift brauchen – zumal in der Eucharistiefeier – das Nachklingen in der Stille, damit sie „ankommen" können. „Es ist wie mit dem Klang im Anstoßen zweier Gläser, wie im letzten Ton einer Melodie", schrieb einmal Hanna-Renata Laurien (gest. 2010), die Berliner Politikerin und prominente Katholikin: „Im Verklingen, im Münden in das Schweigen erahnen wir die Fülle."[53]

Lesung aus, und weiter geht's! Wie sollen da die Worte zum „Wort des lebendigen Gottes" werden? Nach der Lesung meines Exerzitienteilnehmers war das ganz anders gewesen ... Sollte man, dachte ich mir, es nicht immer so machen, wie es dieser Mann getan hatte? Die Lesung also in die

Stille hinein ausklingen lassen, ohne den liturgischen Wechselruf?

Ich habe es fortan einfach so getan. Ich legte dem Lektionar, wenn ich es vor dem Gottesdienst einem der Kursteilnehmer gab, einen Zettel bei: „Bitte die Lesung still beenden, ohne Abschluss mit: Wort des lebendigen Gottes." Nach höchstens zwei Jahren war der Zettel nicht mehr nötig; die häufiger kommenden Kursteilnehmer taten es dann von ganz allein so, und die anderen schauten es sich schnell von ihnen ab. Ich selbst lasse seither auch nach den letzten Worten des Evangeliums eine kleine Weile Stille, erst dann sage ich: „Evangelium unseres Herrn Jesus Christus", und die Gottesdienstteilnehmer antworten: „Lob sei dir, Christus".

Eine Kursteilnehmerin schrieb mir dann, sie habe zu Hause im Liturgiekreis ihrer Pfarrgemeinde angeregt, es beim Vortragen der Lesungen und des Evangeliums auch so zu machen, wie sie es während ihrer jährlichen Exerzitien in Birkenwerder erlebe. Doch mit dieser Anregung sei sie bei ihrem Pfarrer nicht durchgekommen. Dies sei, habe er erwidert, gegen die liturgischen Richtlinien. Ob ich ihr da weiterhelfen könne ...

Ich las daraufhin in der ALLGEMEINEN EINFÜHRUNG IN DAS RÖMISCHE MESSBUCH nach, fand darin aber keinerlei Hinweise auf einen Abschluss der Lesungen und des Evangeliums mit den genannten Wechselrufen.[54] Nur im Messlektionar selbst, im *deutschen* Lektionar, wurde ich fündig. Dort wird am Beispiel des ersten Adventssonntags nach jeder der beiden Lesungen vermerkt: „Wo nach der Lesung ein Ruf der Gemeinde üblich ist, lautet dieser: ‚Wort des lebendigen Gottes' – ‚Dank sei Gott'.“[55] Derselbe Vermerk findet sich an gleicher Stelle auch zum Wechselruf nach dem Evangelium.[56] Wo es also „üblich" ist! Das heißt, wo es üblich *war*, bevor die neue Leseordnung eingeführt wurde ...

Die Erläuterung dazu lieferte mir Rupert Berger, einer der bedeutendsten Liturgiewissenschaftler in Deutschland. In seiner EINFÜHRUNG IN DIE HEILIGE MESSE schrieb er 1971, also zur Zeit der Umsetzung der Liturgiereform: „Am Ende der Lesung antwortete der Ministrant früher ‚Dank sei Gott', nach dem Evangelium ‚Lob sei dir, Christus'. Die erneuerte Messordnung sieht vor, dass je nach Landesbrauch jetzt eine entsprechende Akklamation der Gemeinde erfolgen soll. Im deutschen Sprachraum ist vorgesehen, dass eine solche Gemeindeakklamation, wo sie bisher üblich war, beibehalten werden kann; neu einführen aber sollte man sie nicht." Seine Begründung: „Das Warten auf das Ende der Lesungen, damit man immer pünktlich akklamieren kann, hindert die rechte Bereitschaft zum ruhigen Zuhören, wie überhaupt rechtes Hören in einen kurzen Augenblick der Stille einmündet und kaum in eine sofortige Akklamation. Auch erfolgt die eigentliche Gemeindeantwort auf die Lesung ja im Antwortpsalm, und beim Evangelium geschieht die dankbare Akklamation schon sofort nach der Ankündigung." Und die Schlussfolgerung des Liturgie-Experten: „Was in einzelnen Teilen des deutschen Sprachraums bisher an Volksantworten auf die Lesung üblich war, eignet sich wenig als spontaner Zuruf ..."[57] – Kommentar aus. Diese Erläuterungen, denke ich, werden allen genügen, denen die Bibelworte in der Eucharistiefeier zum *Wort des lebendigen Gottes* geworden sind.

Der Kern religiösen Lebens, der „Grundakt" (Thomas von Aquin) des Menschen Gott gegenüber, ist im Christentum – bis tief in seine jüdischen Wurzeln hinein – das Hören, nicht das Reden. Alle biblischen Schriften, die des Ersten wie die des Neuen Testaments, geben davon Zeugnis. „Wer Ohren hat zum Hören, der höre!", rief Jesus den Leuten immer wieder zu, als er in Galiläa vom Gottesreich sprach. Dieser Ruf wird im letzten Buch des Neuen Testaments – siebenmal im selben Wortlaut – der Christenheit als eindringliche Weisung mit auf den Weg durch die Zeiten gegeben: „Wer Ohren hat, der höre, was der Geist den Gemeinden sagt!" (ab Offb 2,11). Schade, dass dieses Bibelwort noch bei keiner Liturgiereform Eingang in den Ritus der Eucharistiefeier gefunden hat ... Und schon der alte, erfahrene Tempelpriester Eli rät seinem jungen Kollegen Samuel, er solle auf das „Wort des Herrn" antworten: „Rede, Herr, dein Diener hört" (1 Sam 3,7–9). Eine Weisheit, die Schule machte – und doch in der Realität des Christentums, bis in die Liturgie hinein, eher zu einem „Höre, Herr, dein Diener redet!" geworden ist. Wir kommen zum Gottesdienst mit *unseren* Wünschen, wir singen Lieder und sprechen Gebete, die *uns* gefallen, wir reden zu Gott von *unseren* Anliegen und suchen bei *ihm* Gehör. Das darf ja auch so sein. Aber dass auch er Anliegen hat und – um unseretwillen! – Gehör bei *uns* sucht, daran denken wir kaum. Wie sollen wir dann Kirche werden?

Hören, nichts scheint leichter als das. Ist doch in der Tat jedem (gesunden) Menschen das Ohr gegeben, das des Leibes und das der Seele. Und wir hören ja auch. Mehr als uns bewusst ist. Nur, *was* hören wir, und *wem* hören wir zu? Dem Kyrios Jesus zuhören und hören, „was der Geist den Gemeinden sagt" – auch jeder Gemeinde, jedem Bistum, jeder Gemeinschaft konkret! –, kann gefährlich sein: Wir müssten dann Neues an uns heranlassen, umdenken vielleicht sogar, weiter denken, größer denken, noch einmal alles von vorn durchdenken, anders denken, als andere es erwarten oder uns zu denken verpflichten wollen, und möglicherweise hätte das Konsequenzen … Dennoch: Für uns Christen muss das Hören der Grundakt geistlichen Lebens sein – und in der Liturgiefeier ein Grundakt der „bewussten und tätigen Teilnahme" –, soll unser Glaube nicht in erstarrten Formeln stecken bleiben und sich unser Kirche-Sein nicht auf das Vereinsleben einer geschlossenen Gesellschaft reduzieren. Gerade da liegt ja ein Hauptproblem in der Christenheit heute: dass wir mit Worthülsen und in Glaubensformeln reden, die leer sind und die folglich die Menschen – innerhalb wie außerhalb der Kirche – nicht erreichen; ja dass wir die wunderbare Frohbotschaft Jesu, die doch eigentlich das Beste ist, was der Menschheit geschenkt wurde, selbst gar nicht kennen und anstelle dieser Botschaft religiöse Lehren und Ansichten weitergeben, die weit hinter ihr zurückbleiben und den Lebenshunger nicht stillen können ... Was nützt es, eine missionarische Kirche sein zu wollen und eine weltweite Neuevangelisierung auszurufen, wenn das, was wir da weitergeben, phrasenhaft und wenig nahrhaft, ja zum Teil sogar giftig und krankmachend ist? Wir müssen das Saatgut reinigen, es vom „Tollkraut" trennen und den „Weizen" des Evangeliums Jesu „in die Scheunen" unserer Herzen bringen, bevor wir uns als „Sämann" betätigen (vgl. Mt 13,24–30)![58]

Im Wortgottesdienst der Eucharistiefeier wird in liturgischer Form deutlich gemacht, was im Umgang mit dem Kyrios Jesus Christus grundsätzlich gilt: dass er uns etwas zu sagen hat. Dass er uns mehr zu sagen hat als wir ihm. Dass er uns Größeres und Tieferes zu sagen hat als das, was wir gemeinhin für religiös oder für christlich halten. Und dass unsere ganze Existenz, unsere Lebensqualität, auch die Qualität unseres Kirche-Seins und nicht zuletzt die Art und Weise, wie wir als Kirche im Auftrag Jesu unseren Dienst für die Menschheit tun, davon abhängen, ob wir uns etwas von ihm sagen *lassen*.

Zur Kyriaké wird nur eine Gemeinschaft werden, die ein Ohr für den Kyrios hat – die den Mut aufbringt, mit seinem Gottes- und Menschenbild gleichzuziehen und *sein* Evangelium zu ihrem Evangelium zu machen. Sonst wird sie nicht mehr sein als das, wovon sie sich bestimmen lässt: ein Verein nach dem Gepräge derer, auf die sie hört.

Höchstpersönlich, auf Herzenshöhe

In meiner Klosterzelle hängt eine Urkunde, darauf steht, mit Tinte geschrieben: „Reinhard Körner empfing die feierliche erste hl. Kommunion am 24. April 1960 in der kath. Pfarrkirche zu Doberlug-Kirchhain." Noch nicht lange hat das alte, in Holz gerahmte Erinnerungsstück diesen Platz. Vor ein paar Jahren erst haben es meine Eltern, als sie unseren Hof auflösten, auf dem Dachboden gefunden. Ich selbst war es gewesen, der es dorthin entsorgt hatte – wenige Tage nach meiner Erstkommunion. Aus Notwehr gewissermaßen, denn an dieses „feierliche" Ereignis hatte ich damals ganz und gar nicht gern erinnert werden wollen. Das Herz müsse rein und ohne Sünde sein, wenn wir den Heiland empfangen, hatte uns die Gemeindekatechetin noch kurz vor dem Erstkommuniontag gesagt, und eingeschärft hatte sie uns, wir sollten ja darauf achten, dass die Hostie im Mund nicht an die Zähne stößt – das tue dem Heiland weh! Mit Angst war ich auf den Erstkommuniontag zugegangen, und dann war das Furchtbare passiert: Am Abend davor hatte ich mich mit meiner Schwester gezankt; und beim Kommunionempfang war die Hostie tatsächlich an die Zähne geraten ... Nein, „feierlich" war sie nicht gewesen, meine Erstkommunion, eher „fürchterlich" – für mich jedenfalls und mein kindliches Gewissen. Und dieses Gefühls hatte ich mich entledigen müssen.

Heute schaue ich gern auf meine Erstkommunionurkunde. Zwar ist mir die Erinnerung an meinen Seelenzustand an jenem Aprilsonntag vor über fünfzig Jahren geblieben, auch wenn sie damals erst einmal verblasst war; doch längst ist eine ganz andere Sicht vom Kommunionempfang in mir herangereift, und die macht nun im Rückblick auch den Erstkommuniontag zu einem Fest. Aus der vernarbten Wunde aber ist so etwas wie eine innere Antenne geworden, die feinfühlig wahrnimmt, was wirklich „dem Heiland wehtut", wenn es um sein Mahl mit uns geht.

Von der Sorge, Jesus könnte sich an den Zähnen verletzen, ist heute sicherlich niemand mehr umgetrieben. Gedanken dieser Art sind mir später als Seelsorger nie begegnet. Aber die Vorstellung, das eucharistische Brot werde durch die Wandlungsworte zum Körper Jesu, ja buchstäblich zu seinem Fleisch, die ist noch immer verbreitet. Oder zutreffender gesagt: Noch immer denken viele Christen, auch wenn sie selbst erhebliche Zweifel daran haben, es sei dies so die Lehre der Kirche. In meinen Gesprächsrunden mit Gruppen aus Pfarrgemeinden, die zu Einkehrwochenenden in das Gästehaus unseres Klosters kommen, lautet eine der häufigsten Fragen, wie denn das mit dem Leib und dem Blut Jesu gemeint sei; ob man das nicht doch irgendwie anders verstehen könne ... Und da meldet die besagte Antenne in mir Alarm!

Dass es eine solche Frage überhaupt gibt, bei sehr vielen Christen, älteren wie jungen, zeigt doch, wie oberflächlich unsere Glaubensvermittlung noch immer ist! Freilich, die Konsekrationsworte selbst – „Das ist mein Leib ...", „Das ist ... mein Blut ..." – erwecken den Eindruck, wir bekämen beim Kommunionempfang den Körper Jesu gereicht und das Blut, das einst durch seine Adern floss. Wird das aber in Predigt und Katechese dann noch betont, etwa durch – theologisch ja richtige – Sätze wie: „In der Eucharistie empfangen wir den Leib und das Blut Christi", kann der Gottesdienstteilnehmer von heute, der sich in der Regel in der Theologensprache nicht auskennt und Worte erst einmal wörtlich zu verstehen gewohnt ist, doch nur noch wählen zwischen stillem Widerspruch und einem halbherzigen „Man muss es halt glauben". Kein Wunder, dass inzwischen so mancher im Kommunionempfang nur noch ein Ritual sieht, das eben zum Gottesdienst dazugehört, oder bestenfalls noch die „Oblate" als ein „heiliges Brot" empfängt. Was tun wir dem an, zu dessen Mahl wir in der Eucharistie zusammenkommen, wenn wir solche Vorstellungen haben oder sie – gewiss unbeabsichtigt – auch noch nähren!

Die Kommunion empfangen, heißt doch nicht, nur ein „Etwas", eine „Sache" von Jesus empfangen, nur seinen Körper also und zur Vollständigkeit noch sein Blut; oder gar nur „das Brot miteinander teilen" und bei besonderen Anlässen auch Wein. Im Kommunionempfang geht es um mehr, es geht um ihn selbst! Nicht *etwas* von ihm wird uns da gegeben, sondern *er selbst* ist gegenwärtig und gibt sich uns, er in ganzer Person!

Als Jesus am Abend seiner Gefangennahme sagte: „Das ist mein Leib ..." – alle vier neutestamentlichen Überlieferungen geben das Brotwort so wieder –, meinte er nicht: Das ist mein Körper. Er sprach, ins Griechische übertragen, vom „soma". Und soma war damals, ebenso wie in der Muttersprache Jesu das aramäische Wort *bis'ri*, ein „anthropologischer Ganzheitsbegriff", der „die gesamte Person bezeichnet" (Bernhard Heininger).[59] Soma, das meint die *personale Identität* eines Menschen, die der Gott Jesu auch im Tod nicht zugrunde gehen lässt – weshalb dann Paulus im Blick auf das ewige Leben bei Gott vom „soma pneumatikón", vom „Geist-haften/himmlischen Leib" (1 Kor 15,44) sprechen kann. Dieselbe Bedeutung hatte in der deutschen Sprachgeschichte ursprünglich auch das Wort Leib: Das altgermanische „lip" bedeutete nicht „Körper", sondern „Leben", das althochdeutsche „liplich" nicht „körperlich", sondern „lebendig", und noch im Mittelhochdeutschen stand „liphaftic" für „persönlich/selbst".[60]

Realpräsent, wirklich gegenwärtig, ist also nicht der Körper Jesu in seiner physischen Materialität; realpräsent ist Jesus selbst, *er selbst höchstpersönlich*: der Jesus von damals, der jetzt in seiner „himmlischen" Daseinsweise als der *auferstanden-lebende Jesus* da ist, er in Person. – Und jeder heutige Glaubensverkünder, der ein Theologiestudium absolviert hat, weiß das!

Die kirchliche, schon vorreformatorische Lehre von der *Transsubstantiation*, formuliert 1215 auf dem Vierten Laterankonzil, meint nicht – auch das müsste jedem, der Theologie studiert hat, bekannt sein – die Verwandlung in eine (wenn auch unsichtbare) *materielle* Substanz. Die Theologie jener Zeit unterschied zwischen materia und substantia, und *substantia* meinte damals – anders als das heute gebräuchliche Wort Substanz – gerade nicht die Materie, also nicht den physischen Körper. Mit substantia bezeichnete man das tiefere *Wesen*, den tieferen *Bedeutungsinhalt* eines materiellen Gegenstandes. Wenn zum Beispiel, so erläuterte uns während des Theologiestudiums unser Dogmatikprofessor in einer Eucharistie-Vorlesung, ein Mann seiner Frau einen Strauß Blumen schenkt und ihr damit sagt: „Ich hab dich lieb", dann geschieht dabei eine „Transsubstantiation", eine *Wesensverwandlung* des Blumenstraußes; aber es wandelt sich nicht die Materie des Blumenstraußes (die Pflanzen) in eine andere (unsichtbare) Materie, sondern es wandelt sich die substantia des Straußes: Der Strauß ist nun nicht mehr ein Blumenstrauß zum Schmücken der Wohnung (= seine bisherige substantia), sondern ein Blumenstrauß, mit dem der Mann seiner Frau sagt: „Ich hab dich lieb" (= die neue substantia). Der Strauß ist gleichsam zum „Sakrament" geworden, zu einem „heiligen Zeichen" der Liebe dieses Mannes zu seiner Frau. Und so wandelt sich durch die Konsekrationsworte nicht die Materie Brot in die (unsichtbare) Materie des physischen Körpers Jesu, sondern es wandelt sich die substantia dieses Brotes: Aus dem Brot als normales Nahrungsmittel (= bisherige substantia) wird das Brot, mit dem Jesus sagt: Ich bin da, ich höchstpersönlich – jetzt als der Auferstanden-Lebende (= die neue substantia). Das Brot ist nun zum *Sakrament*, zum „heiligen Zeichen" der höchstpersönlichen Gegenwart Jesu geworden.

Wie nebenbei, als müsse es eigentlich gar nicht eigens erwähnt werden, schreibt Papst Benedikt im zweiten Band seiner Jesus-Trilogie (von 2011): „Wenn Jesus von seinem Leib spricht, so ist damit selbstverständlich nicht der Körper im Unterschied zu Seele oder Geist gemeint, sondern die ganze, leibhaftige Person"[61]; und dann im Klartext, den Theologen Rudolf Pesch zitierend: „Die Jünger konnten verstehen: Das bin ich,

der Messias."[62] Der hier zitierte katholische Neutestamentler drückt es in seinem Kommentar
zum Markusevangelium auch so aus: „Mit dem
Deutewort ... deutet Jesus das Brot, das er bricht
und austeilt, auf sich selbst, und zwar mit
Emphase: Das bin ich selbst!"[63]

Und realpräsent ist nicht Jesu physisches Blut,
als würden wir zum blutlosen Fleisch seines Körpers noch das Blut nachgereicht bekommen.
„Sein Blut, das ist die vollständige Gabe seiner
(Jesu) selbst", so wiederum Papst Benedikt im
genannten Jesusbuch.[64] Alles andere widersprä-
che auch den biblischen Abendmahlsüberliefe-
rungen, denn in keinem der vier Texte sagt Jesus:
Das ist mein Blut.

Bei Markus (14,24) und bei Matthäus (26,28)
heißt es wortwörtlich: „Das ist mein Blut des Bundes" (nicht, wie etwas irreführend in der EINHEITS-
ÜBERSETZUNG wiedergegeben: „Das ist mein Blut,
das Blut des Bundes"), wobei das Nominativwort
„Blut" und das Genitivwort „des Bundes" als fest-
stehender Begriff zusammengehören und mit
„Bundesblut" – wie im Jesusbuch des Papstes[65] –
zu übersetzen sind. Gerade in den Tagen vor dem
Paschafest, an dem man sich im jüdischen Volk
alljährlich auch den Bundesschluss am Sinai ver-
gegenwärtigte, wird vom *Bundesblut* oft die Rede
gewesen sein: Durch Besprengung der beiden
Bündnispartner, des Volkes und (stellvertretend

für Gott) des Altares, mit dem Blut von Opfertieren hatte ja Mose einst, wie es bei Vertragsabschlüssen in den Nomadenvölkern Brauch gewesen war, den Bund zwischen Gott und dem Volk Israel besiegelt (s. Ex 24,5–8). „Das ist *mein* Bundesblut", sagt Jesus also im Abendmahlssaal, indem er das allen vertraute Wort aufgreift und zugleich mit neuem Inhalt füllt.

Bei Lukas (22,20) und Paulus (1 Kor 11,25) bezieht sich das „ist" sogar direkt auf „Bund", nicht auf „Blut". Hier reicht Jesus den Becher – *seinen* Becher, obwohl doch jeder einen eigenen Becher vor sich stehen hat – mit den Worten: „Dieser Becher ist der Neue Bund in meinem Blut", bei Lukas, wie ebenso bei Markus und Matthäus, erweitert durch: „das für euch/für viele vergossen wird". „Becher" (oder „Kelch") meint im Zusammenhang mit dieser Geste nicht das Trinkgefäß, sondern das Trinken aus dem Becher, aus seinem Becher. Dieses „Trinken aus meinem Becher", so müssen die Anwesenden Jesus verstanden haben, hat etwas mit dem *Neuen Bund* zu tun – ein Wort, das ebenfalls allen bekannt und vertraut war. Hatte doch schon Jeremia gesagt: „Seht, es werden Tage kommen – Spruch des Herrn –, in denen ich mit dem Haus Israel und dem Haus Juda einen neuen Bund schließen werde ..." (Jer 31,31). Wenn nun Jesus vom „Neuen Bund" spricht und noch dazusagt: *in meinem Blut*, dann mögen das die Jünger an jenem Abend in Jerusalem vielleicht nicht gleich verstanden haben. Aber später, da haben sie es verstanden! Da wird ihnen klar gewesen sein, was Jesus meinte: Dass Gottes Bund mit euch immer „neu" bleibt, dafür stehe ich ein – mit meinem Blut! Schon anderntags war diese Zusicherung wahr geworden ...

Realpräsent ist also der Jesus, der in seinem Blutvergießen seine Frohbotschaft vom immer „neu" bleibenden, nie aufgekündigten „Bund" seines Abba-JHWH besiegelt hat – besiegelt nicht, wie Mose es einst tat, mit dem Blut von Tieren, sondern nun mit *seinem* „Bundesblut", das heißt: mit seiner *Hingabe* an diesen Gott der absoluten Liebestreue, „bis zum Tod am Kreuz" (Phil 2,8).

Die substantia der Materie Wein ist es nun nicht mehr, ein Gaumen-Genussmittel zu sein (= bisherige substantia), sondern dieser Wein hat nun die neue substantia, ein Sakrament, ein heiliges Zeichen für den Jesus zu sein, der in seiner Liebe zu Gott und zu uns Menschen für die Wahrheit seiner Frohbotschaft bis ans Kreuz gegangen ist.

In der Theologiegeschichte wurde diese liebende Hingabe Jesu bis zum Kreuzestod, die also mit dem Wort Blut gemeint ist, auch durch den Begriff *Opfer* zum Ausdruck gebracht. Heute ist das Wort Opfer allerdings, so Joseph Ratzinger in DER GEIST DER LITURGIE, „von einem wahren Schuttberg von Missverständnissen überlagert", sodass der ursprüngliche Sinn – die „sich im Tod verschenkende Liebe" – darin kaum noch erkannt werden kann.[66] Es ist also Vorsicht geboten, wenn wir in der Glaubensverkündigung vom „Opfertod" Jesu und vom „Opfercharakter" der Eucharistiefeier sprechen. Ohne die nötigen Erläuterungen können diese – theologisch ja wiederum richtigen – Begriffe in der Tat zu schwerwiegenden Missverständnissen führen.

Um das Gesagte zusammenzufassen: Das Brot, das wir in der Kommunion empfangen, ist das heilige Zeichen, dass Jesus da ist, *er selbst*, der Jesus von damals, der jetzt der Auferstandene ist. Und der Wein ist das heilige Zeichen *seiner Liebe*, in der er damals bis ans Kreuz gegangen ist und die auch jetzt durch und durch sein ganzes Wesen ausmacht.

Das Sakrament ist jedoch nicht einfach nur das Brot und der Wein. Zum heiligen Zeichen gehören auch das Brechen und Austeilen des Brotes und Jesu Worte dazu, das Reichen des Kelches und Jesu Worte dazu, und dann das Essen dieses Brotes und das Trinken aus diesem Kelch. Das *eucharistische Mahl als Ganzes* ist das Sakrament der Eucharistie, das heilige Zeichen, das Jesus uns schenkte.

„Heiliges Zeichen", das heißt aber nicht: nur ein „bloßes Zeichen". Dieses heilige Zeichen ist, wie alle Sakramente, durch Wirklichkeit gedeckt: Jesus, der den Abba und uns mit vollkommener Hingabe liebt, ist wirklich da!

Und er ist selbstverständlich nicht nur in dem kleinen Stück Brot da oder nur in der kurzen Zeit während der Eucharistiefeier. Zehn Zentimeter vom eucharistischen Brot entfernt ist er nicht weniger da, und vor und nach der Eucharistiefeier, zu Hause oder am Arbeitsplatz, ist er ebenfalls da.

Auch wird im Kommunionempfang, im Essen dieses Brotes und im Trinken aus seinem Kelch, weder er uns noch wir ihm symbiotisch „einverleibt"; er bleibt er und ich bleibe ich – wir bleiben einander ein Gegenüber. Aber im heiligen Zeichen des Brotessens und Weintrinkens sagt uns Jesus, dass er uns nicht ein Gegenüber in der Ferne, sondern *ein Gegenüber im Herzen* sein will.

Teresa von Ávila schrieb einmal ihren Schwestern: „Bedenkt, dass diese Stunde (die Eucharistiefeier) für die Seele von großem Nutzen ist und dass dem guten Jesus ein großer Dienst erwiesen wird, wenn ihr ihm Gesellschaft leistet. Achtet sehr darauf, Töchter, diese nicht zu verlieren. Wenn der Gehorsam euch auftragen sollte, etwas anderes zu tun, dann bemüht euch, eure Seele dennoch beim Herrn zu lassen, denn er ist euer Meister. (...) Gleich nachdem ihr den Herrn (in der Kommunion) empfangen habt, also die Person selbst vor euch habt, bemüht euch, die Augen des Leibes zu schließen und die der Seele zu öffnen und in euer Herz hineinzuschauen. (...) Und wann immer ihr nicht kommunizieren (...) solltet, könnt ihr geistig kommunizieren – was überaus nützlich ist – und dabei dasselbe tun. Es ist tief, wie sich hier die Liebe zu unserem Herrn einprägt."[67]

Letztlich ist das, was in der Eucharistiefeier geschieht, nur innerhalb einer persönlichen Beziehung zu Jesus verstehbar. Erst in eine solche, schon bestehende Freundschaftsbeziehung hinein konnte Jesus den Jüngern das Brot-und-Wein-Zeichen schenken. Und seine Freunde konnten es verstehen – als das heilige Zeichen, dass er auch nach seinem Sterben da sein wird und auch dann mit ihnen, mit jedem von ihnen, zusammen sein möchte.

Die Eucharistiefeier ist ein *Beziehungsgeschehen zwischen Personen,* zwischen dem Kyrios und denen, die „zum kýrios gehören". Wir empfangen nicht *etwas* von ihm, sondern *ihn selbst in Person.* Warum aber sollten wir das in unseren Eucharistiefeiern nicht deutlich machen, sodass uns, den Zelebranten wie der gesamten Gottesdienstgemeinde, bewusst wird und bewusst bleibt, was wir da tun? Ich persönlich spreche das Brotwort, hin und wieder jedenfalls, so: „... Das ist mein Leib – das bin ich –, hingegeben für euch." Und warum sollten der Zelebrant und die Kommunionhelfer bei der Kommunionausteilung statt des missverständlichen und oft routinehaft dahergesagten „Leib Christi" nicht einfach sagen dürfen, ehrfürchtig und ohne Hast bei jedem Einzelnen: „Jesus" – vielleicht mit einem biblischen Zusatz aus dem Munde Jesu selbst: „Jesus, das Brot des Lebens" oder: „Jesus, das lebendige Brot" (Joh 6,35/48 u. Joh 6,51)? Ich bezeuge, dass die große Mehrheit der vielen Gläubigen in meinen Exerzitienkursen und Seminaren, denen ich so die Kommunion reiche, den „Leib Christi" dadurch würdevoller, bewusster und innerlicher empfangen.

„Eucharistie empfangen", schrieb der Theologe Joseph Ratzinger bereits in DER GEIST DER LITURGIE, „heißt: nicht eine ‚sachhafte' Gabe essen ..., sondern das Ineinandertreten von Person zu Person geschieht hier"[68] – ein „Ineinandertreten", das freilich auch von unserer Seite her vollzogen sein will.

Genau das aber ist die große Herausforderung für uns Menschen, wie so oft, wenn es um das „Ineinandertreten von Person zu Person", um persönlich-personale Beziehungen geht: Es ist leichter für uns, mit Dingen und Sachen zu leben als mit einer Person. Dinge und Sachen können wir uns *an*-eignen; einer Person aber – soll es zu Begegnung und Beziehung kommen – müssten wir uns *über*-eignen. Und deshalb sind wir immer geneigt, nur das „Sachhafte" an ihr zu sehen, ja sie selbst zur Sache zu machen. Nicht zuletzt Martin Buber, ein jüdischer Theologe (1878–1965), hat uns dafür die Augen geöffnet.[69] Aus der Realpräsenz der Person Jesu machen wir eine Präsenz seines Körpers aus Fleisch und Blut – und müssen ihm so nicht „von Person zu Person" begegnen. Was aber dann noch bleibt, ist, mit Martin Buber gesprochen: *Vergegnung*.[70] – Und das sollte ihm nicht „weh tun"?

Das Herz müsse rein sein und ohne Sünde, wenn wir den Heiland empfangen, hatte die Gemeindekatechetin vor meinem Erstkommuniontag gesagt. *Wie* rein, würde ich sie heute fragen. Ist denn mein Herz je rein genug, um eines solchen Jesus würdig zu sein? Das meine war es noch nie, in sechzig Lebensjahren noch nie …

Gewiss, es gibt Situationen im Leben, da steigt einem vor den Augen Gottes die Schamröte ins Gesicht! Doch selbst dann wendet sich der, der sich da gibt bei seinem Mahl, nicht von mir ab. Er ist der Sohn des Gottes, der uns Menschen liebt *trotz* aller Schuld. Für eben diese Wahrheit hat Jesus ja „sein Blut vergossen". Und zwar „*für viele* vergossen", wie es bei Markus und Matthäus heißt. „Viele", das sind nach jüdischem Sprachgebrauch „die Vielen" überhaupt (Jes 53,11). Dass Jesus alle Menschen, wirklich *alle* gemeint hat – nicht nur viele von allen, wie es ein Schreiben der vatikanischen Gottesdienstkongregation von 2006 glauben machen wollte[71] –, das hat Papst Benedikt nun in seinem zweiten Jesusbuch klargestellt: „Jesu Tod gilt Juden und Heiden, der

Menschheit im Ganzen. Wenn mit ‚viele' bei Jesaja wesentlich die Gesamtheit Israels gemeint sein mochte, so wird in der gläubigen Antwort der Kirche auf Jesu neuen Gebrauch des Wortes immer mehr sichtbar, dass er in der Tat für alle gestorben ist."[72] Matthäus hat diesem Wort Jesu zur Verdeutlichung noch hinzugefügt: „... zur Vergebung der Sünden" (Mt 26,28) – wohl deshalb, damit auch noch dem Letzten jeder Zweifel genommen wird, er könnte aufgrund seines „unreinen Herzens" unwürdig sein, am Kyrios-Mahl teilzunehmen.

Was tun wir den Menschen an, wenn wir ihnen sagen, sie seien zum Kommunionempfang nicht würdig! Und was tun wir damit diesem Jesus an und seinem Gott!

Die Sakramentenkatechese damals zu meiner Kinderzeit – nur damals? – hat dazu geführt, dass sich Menschen zunehmend dagegen wehrten, sich vor Gott unwürdig, ja sogar grundsätzlich als Sünder verstehen zu sollen. Zu Recht, denn in der Tat bleibt der Mensch auch als Sünder der von Gott Geliebte – der freilich auch sündigen kann. Er ist für Gott nicht grundsätzlich der Sünder, sondern grundsätzlich der Geliebte und zum Lieben Begabte. Das wissen heute immer mehr Christen, zumindest haben sie es zunehmend „im Gespür". Nur schlägt das Pendel auch schnell in das Gegenteil aus, und manch einer steht dann vor Gott da mit reinem Gewissen – weil er es (nach einem Aphorismus von Stanislaw Jerzy Lec) nie benutzt hat.[73]

Würden wir vor dem Kommunionempfang nur sagen: „Herr ich bin nicht würdig, dass du eingehst unter mein Dach", wäre das ein Satz, der schnellstens aus der Messliturgie gestrichen werden müsste. Doch dieses Gebet, das nicht von irgendeinem Theologenschreibtisch, sondern aus dem Mund des römischen Hauptmanns von Kafarnaum stammt (Mt 8,8, auf uns bezogen umformuliert), bleibt bei diesem Satz nicht stehen. Es lässt uns gemeinsam zu Jesus sagen: „... Aber sprich nur ein Wort, so wird meine Seele gesund." Auf diesem zweiten Satz liegt der Akzent!

Und der so Angeredete spricht dieses Wort, dieses heilende, nicht verurteilende, sondern aufrichtende Wort! Es ist hörbar für den, der dann im Brot und im Wein eben nicht ein „Etwas" empfängt, sondern den höchstpersönlich bei sich weiß, der ihm jetzt, trotz seines „unreinen Herzens", *begegnen* will.

Jahrzehntausendelang in der Geschichte des homo sapiens suchten Menschen nach einem Gegenüber, das ihnen entspricht, bis ins Tiefste entspricht. Viele jedenfalls, Generation um Generation. Manche fanden es im Mitmenschen, im anderen. Und manche von diesen Zwei-Einen sehnten sich nach einem Größeren, dem Ganz-

Anderen, der ihr Einssein noch einmal umfängt, es trägt und ihm Ewigkeit verleiht. Unter ihren Göttern fanden sie ihn nicht.

Einige erahnten ihn dann, einige bis zur Gewissheit: Er nannte sich „Jahweh", sagte von sich: „Ich bin der ICH BIN DA" (Ex 3,14); er war anziehend für sie und schreckenerregend zugleich – aber er war *in Rufweite*.

Ein paar Menschen in Israel, ein paar Dutzend wahrscheinlich nur, erkannten ihn, „als die Zeit erfüllt war" (Gal 4,4), in Jesus von Nazaret wieder, einem Menschen, wie noch nie einer Mensch gewesen war. In ihm stand ihr ICH BIN DA nun vor ihnen, und alles Schreckenerregende, alle Gottesangst verlor sich. Er, der große Gott, begegnete ihnen als Menschgewordener, und sie konnten ihm begegnen – von Mensch zu Mensch, *auf Augenhöhe*.

Dann wurde er ihnen „genommen" (Mk 2,20), er „entschwand ihren Blicken" (Apg 1,9). Doch er hatte ihnen eine Frohbotschaft hinterlassen – für „die Vielen": für alle, für die gesamte Menschheit. Diese Frohbotschaft trugen sie in die Welt. Sie läuft noch immer um die Welt.

Und er hat sich selbst hinterlassen. Im heiligen Zeichen von Brot und Wein beim gemeinsamen Mahl.

Du hast *dich* hinterlassen, Jesus. Im Essen des Brotes, das du uns gibst, und im Trinken aus deinem Becher willst du uns begegnen. Du selbst, du höchstpersönlich. Einem jeden von uns – nun *auf Herzenshöhe*. Auch mir, mir höchstpersönlich, in meinem nie ganz reinen Herzen ... Dort, nur dort auf Herzenshöhe, werden wir – miteinander – deine Kirche. Mitten unter den Vielen. Mit dir *für* die Vielen.

„Kyrie!" – glauben in der Anredeform

In schwierigen Situationen brauchen wir den Austausch miteinander, das *gemeinsame* Suchen nach Wegen und Lösungen. An dieser Einsicht fehlt es heute auch in der Kirche nicht, und wo es an ihr fehlt, da wird sie zu Recht eingefordert. Konferenzen und Tagungen, Ratsgremien, Arbeitskreise und Kommissionen gehören seit dem letzten Konzil ins Alltagsbild kirchlichen Lebens, auf allen Ebenen und in allen Bereichen. Ob die vielen Sitzungen immer fruchtbar sind, ist freilich eine andere Frage; das hängt bekanntlich davon ab, ob und inwieweit die Beteiligten aufrichtig zum Dialog bereit sind und sich mit Mut und Kompetenz in die Gespräche einbringen.

Was uns jedoch fehlt – und nach meinem Eindruck zunehmend fehlt –, ist der Dialog mit dem, den die Christen der Frühzeit das „Haupt" der Kirche nannten (Eph 4,15 f.; Kol 1,18).

Wir müssen uns nichts vormachen: Geredet wird *von* Jesus Christus und *über* Jesus Christus, aber kaum *zu* ihm; vom Hören *zu ihm hin* ganz zu schweigen. Was sich im Christentum unserer Tage als Beten und Meditieren darstellt, ist weithin – auf eine geschätzte Prozentangabe will ich verzichten – Beschäftigung mit Texten; oder mit sich selbst und der eigenen Innerlichkeit. Und was wir Gottesdienst nennen, ist oft nur ein Zusammenkommen, bei dem die Aufmerksamkeit der Liturgie gilt, vielleicht auch dem Gottesdienstthema, nicht aber wirklich *seiner Person.*

Die Kirche lebt aber nicht nur von ihren Konferenzen, und sie lebt nicht nur vom Reden von und über Jesus Christus, sei es in der Verkündigung oder in der wissenschaftlichen Theologie; ja selbst von der „Schönheit der Liturgie" kann sie nicht leben. Sie lebt vom *Verbundensein mit ihrem Haupt,* von der Begegnung mit ihm und der Beziehung zu ihm. „Man kann Exegese und Bibeltheologie treiben", schrieb Karl Rahner (1904–1984) einmal in einem Artikel mit dem Titel WAS HEIßT JESUS LIEBEN? (von 1982), „man kann über die historische Gestalt Jesu tausend Untersuchungen anstellen, man kann ganz genau herauszubringen versuchen, was er gesagt hat, wie er es gesagt hat, wie er es gemeint hat, was ihm passiert ist, wie seine Umwelt auf ihn reagiert hat, wie er sich selber verstanden hat ... Alle diese Überlegungen und Untersuchungen sind gut und notwendig, aber", so der große Theologe des vorigen Jahrhunderts, „erst wenn Jesus als er selber angenommen und geliebt wird – er selber und nicht unsere bloßen Erträgnisse historischer Wissenschaft –, erst dann beginnt das wahre Verhältnis zu ihm, das Verhältnis eines Sich-absolut-auf-ihn-Einlassens."[74]

Um es wieder in der Sprache der frühen Christen zu sagen: Soll die ekklesía zur *kyriakè* ekklesía werden, darf ihr Haupt-Wort nicht nur als kýrios, sondern muss auch als *kýrie* artikuliert werden – und zwar auf Herzenshöhe, nicht nur im Kopf.

Kýrie ist der Vokativ, die Anredeform von kýrios. Sprechen wir nur vom kýrios in seinen sonstigen Deklinationsformen, bleibt die Hauptperson der Kirche im „Reich des Es" (Martin Buber)[75] und wird zum Glaubens-*Gegenstand*. Der Kyrios wird zum Objekt der Kirche. Die Folge: Die Kirche wird zum Subjekt, das ihn in Besitz hat wie eine Sache – und sich schließlich selbst zum Hauptthema wird ... Eine Schreckensvision! Doch sie ist Realität. Auch heute.

Ich traue Pauschalurteilen nicht, auch meinen eigenen nicht, aber davon bin ich überzeugt: Die eigentliche Not, in der wir stecken, ist die faktische Beziehungslosigkeit vieler Christen zu Christus – Laienchristen wie Ordensleuten, akademischen Theologen und Klerikern und Klerikern auf allen hierarchischen Stufen. Alle anderen Nöte, vom Seelsorgenotstand in den Gemeinden bis hin zum viel beklagten Glaubwürdigkeitsverlust vor allem der Bischöfe und der päpstlichen Leitungsgremien – nach innen und nach außen hin –, sind nur deren Symptome; und in mancherlei Fällen auch deren Folgen. Damit widerspreche ich durchaus nicht all den ekklesiologischen, pastoraltheologischen oder soziologischen Analysen, die in dogmatistischen Engführungen, geschichtlich entstandenen Strukturen oder gar strukturell und „systemimmanent" gewordenen Verfestigungen die Wurzel vieler Übel sehen. Ich möchte nur tiefer blicken.

Woher ich diese Überzeugung nehme? Ich kenne beides selbst, die faktische Beziehungslosigkeit wie auch das Verbundensein auf Herzenshöhe – und Gleiches erkennt Gleiches.

Auch weiß ich von mir selbst, was das eine mit dem Menschen macht und was das andere. Gemüt und Vernunft, so habe ich von meinem Ordensvater Johannes vom Kreuz gelernt, werden von dem geleitet, woran der Mensch gebunden ist: Ist er nicht an das „Letzte", ja an *den* „Letzten", gebunden, bindet er sich an Vorletztes und lebt im Verbundensein mit Vorletztem; sein Denken und seine Handlungen werden dann von Vorletztem geleitet und bestimmt, was sich, auch bei uns Kirchenleuten, in den „Ergebnissen" solchen Denkens und solcher Handlungen zeigt[76] – und die sind nicht zu übersehen! Mit einem Jesuswort gesagt: „Jeden Baum erkennt man an seinen Früchten. Von den Disteln pflückt man keine Feigen, und vom Dornstrauch erntet man keine Trauben" (Lk 6,44). Das aber ist es doch, was heute immer mehr Menschen in der Kirche *vergeblich* suchen: „Feigen" und „Trauben" ...

Ohne Frage kann so mancher – auch heute, trotz allem – von sich sagen: „Ich liebe die Kirche." Aber selbst die Kirche ist nicht das „Letzte". Deshalb genügt es nicht einmal, die Kirche zu lieben. „Sólo Dios basta – allein Gott genügt", schrieb Johannes vom Kreuz seiner geistlichen Gefährtin Teresa von Ávila.[77] Und Thérèse von Lisieux (1873–1897), ebenfalls Lehrerin der Kirche wie ihre beiden Ordensgründer, bringt es auf den Punkt, wenn sie sagt: „Ja, ich habe meinen Platz in der Kirche gefunden, und diesen Platz, mein Gott, den hast du mir geschenkt ... im Herzen der Kirche, meiner Mutter, werde ich die Liebe sein ..."[78] Sie sah ihre Berufung nicht in der Liebe zur Kirche, sondern zur Liebe *in* der Kirche.

Gewiss, es gibt verschiedene Intensitätsgrade in der Liebe zum Kyrios, und nicht jeder kann das geistliche Format solcher wahrhaft heiligen Frauen und Männer haben; aber ganz ohne Liebe zu ihm – Liebe zu ihm auf Herzenshöhe – geschieht nun einmal nicht Kirche, mag einer noch so sehr die Kirche lieben.

Das „Vorletzte", an das ein Mensch gebunden sein kann, muss also nicht immer nur „der schnöde Mammon" sein. Sicherlich sind auch wir Christen, auch die hauptamtlich in der Kirche tätigen, in der Gefahr, unseren „materiellen Besitzständen" den ersten Platz im Herzen einzuräumen. Aber auch so Hehres und Kostbares wie zum Beispiel die liturgischen Traditionen oder die Kopplung des Priestertums an das Zölibat gehören nun einmal, gemessen an *dem* „Letzten", zum Vorletzten, und das Gebundensein daran kann zum Schaden für die Ecclesia Jesu werden. Ja sogar wenn der Kyrios Jesus Christus die Haupt-*Sache* für uns bleibt, sind wir nicht an das „Letzte", nicht an den *Kyrios selbst,* gebunden ...

Die Ursache dieser eigentlichen Not, der faktischen Beziehungslosigkeit zum Kyrios, ist schwer zu ermitteln. Auf jeden Fall dürfen wir sie nicht verallgemeinernd bei „der Kirche" suchen. Kirche, verstanden als soziologische Größe, ist ein abstrakter Begriff. Real gibt es Kirche nur als konkrete Personen, die zusammen die Gemeinschaft Kirche bilden. Soll es zwischen Kirche und Kyrios ein *Beziehungsverhältnis* geben, muss es – wenn auch noch so anfanghaft und armselig – von den konkreten Personen her gelebt werden. Nur die jeweils einzelne Person kann zum Kyrios hin „Kyrie!" sagen. Tun das dann „zwei oder drei", entsteht – von uns her immer wieder neu – die Kirche, die *kyriakè* ekklesía, gemäß dem Jesuswort: „Wo zwei oder drei in meinem Namen versammelt sind, da bin ich mitten unter ihnen" (Mt 18,20). Die Ursachenfrage muss also lauten: Was ist es in denen, die die Ecclesia des Kyrios bilden, was sie den Schritt zum „Kyrie!" – zu einem persönlichen „Kyrie!" auf Herzenshöhe –

nicht oder zu selten oder zu zögerlich tun lässt? Und diese Frage darf nicht mit eingeengtem Blickfeld gestellt werden, als beträfe sie nur bestimmte Stände und Personengruppen im christlichen Gottesvolk.

Die Antwort? Ich weiß sie nicht. Ist die Ursache in den Auswirkungen der weithin *nur mangelhaft mystagogisch orientierten Glaubensverkündigung* zu suchen? Dieser Mangel spielt zumindest eine wichtige Rolle. Kindern und Jugendlichen werden im schulischen Religionsunterricht zwar ein wenig Glaubenswissen und die Grundzüge christlicher Ethik vermittelt, aber wer lehrt sie, im Innern ihrer oft einsamen Seelen die Zweisamkeit mit Gott zu entdecken und zu leben? Und wo finden Menschen in den sicherlich noch immer reichhaltigen Angeboten kirchlicher Erwachsenenbildung Anleitung zur Mystik, zur christlichen Mystik, also zur persönlich und innerlich gelebten Gottes- und Christusbeziehung?

Oder ist es gar die *fehlende Berufung zur Mystik*? Das wäre solchen Menschen dann nicht vorzuwerfen. Auch sie sind willkommen in der Ecclesia Jesu, willkommen auch bei seinem Mahl. Ob sie jedoch in den pastoralen und katechetischen Berufen am richtigen Platz sind?

Meine Erfahrung als Seelsorger – besonders in der Exerzitienbegleitung, bei der es ja gerade darum geht, Menschen zur Gottes- und Christusbeziehung hinzuführen – lehrt mich, dass es wohl vor allem *psychologische Gründe* sind, warum sich so viele Christen schwer damit tun, ihren Glauben als Beziehungs-Glauben zu leben: die Angst vor der Konfrontation mit dem Unaufgearbeiteten im eigenen Herzen, dem man in einer persönlich-innerlichen Jesus-Beziehung ja unweigerlich begegnen würde; aus Verletzungen entstandene Beziehungsängste, die sich dann meistens auch in den zwischenmenschlichen Beziehungen zeigen; zu Abschottungen gewordene Schutzmechanismen, auch einem Gott gegenüber, der Ansprüche an die eigene Person stellen könnte; narzisstisch gewordene Persönlichkeitsstrukturen; das Festhalten an vermeintlichen „Sicherheiten", die man freilich eher im „Sach"-Bereich des Glaubens finden kann, in Definitionen und Regularien, in Traditionen und abrechenbaren Gebetspensen ... – Gründe also, die in der Biografie der Einzelnen liegen. Und auch die sind niemandem (moralisierend) vorzuwerfen. All das kann nur geheilt werden.

Das KYRIE zu Beginn der Eucharistiefeier könnte – wie die Eucharistiefeier überhaupt – diese heilende und zugleich mystagogische Wirkung haben, für die Einzelnen wie folglich für die Kirche. Ja, es könnte sogar die Disposition dafür schaffen, dass die Be-Rufung durch den Kyrios zu einem mystischen Glaubensleben gehört werden kann. Es könnte eine Hilfe sein, die persönliche

Christusbeziehung zu finden und zu pflegen – wenn es als das verstanden, vollzogen und erlebt werden könnte, was es eigentlich ist: die gemeinsame persönliche Hinwendung zum Kyrios, zu dem, der „allein genügt".

In fast jedem Buch, das „die Messe erklärt", wird darauf hingewiesen, dass der Ruf „Kyrie, eleison!" nicht zum Bußritus gehört, sondern, so zum Beispiel Theodor Schnitzler, als „der große Gruß der Ecclesia an ihren Herrn" zu verstehen ist.[79] Mit diesem „großen Gruß" – wird er wirklich als *An*-rede vollzogen – geschieht die Kontaktaufnahme zum Haupt Jesus Christus. Das „Kyrie, eleison!" ist die Reaktion auf die Zusicherung: „Der Herr ist mit euch!", und damit „wichtiger als die wortreichen Begrüßungen, die der Priester an die Gemeinde zu richten pflegt".[80] Der Altmeister der Liturgiewissenschaft bedauerte schon wenige Jahre nach der Liturgiereform des Konzils die „Tragödie des Kyrie": Nun zum „Anhängsel des Bußaktes" gemacht, habe „die liturgische Erneuerung ... sicherlich keine Erneuerung des alten Glanzes des Kyrie hervorgebracht, sondern seine Demontierung"[81].

Liturgiegeschichtler wie Theodor Schnitzler weisen vor allem auch darauf hin, dass der Kyrie-Ruf einst in der gesamten griechischsprachigen Welt gang und gäbe war und die frühen Christen ihn von dorther übernommen haben. Mit „Kyrie, eleison!" – im Griechischen eigentlich: „Kýrie, eleäson!" – begrüßte man in der Antike bei Beginn der Morgenröte den Sonnengott und bei einem Staatsbesuch den Kaiser. Es war keine Bitte um Erbarmen, wie die sprachlich zwar richtige, aber den gemeinten Sinn nicht treffende deutsche Wiedergabe mit „Herr, erbarme dich!" suggeriert; es war vielmehr, so Theodor Schnitzler, ein „etwas unartikulierter", freudig bewegter Ruf, mit dem man einer Rettergestalt zujubelte: „Was das ‚Hurra‘ des 19. Jahrhunderts, das ‚Heil‘ der hitlerschen Ära, das ‚Hotschimin‘ der studentischen Revolutionen um 1965 bedeutete, war das ‚Kyrie, eleison‘ in der antiken Welt."[82] Der damals gefühlte Sinn des Kyrie-Rufes dürfte also eher wiederzugeben sein mit Worten wie: Kyrie, wie großartig, dass du jetzt da bist – und wenn uns einer aus dem Elend heraushelfen kann, dann bist du es!

In den christlichen Gottesdienst übernommen und auf den auferstanden-anwesenden Jesus bezogen, bringt dieser „Jubelruf", so erläutert Theodor Schnitzler, folglich „mehr Gruß und Freude als Klage und Schmerz zum Ausdruck"[83].

Der ganze tiefe Sinn des urchristlichen „Kyrie, eleison!" kommt meines Erachtens nirgends so gut zum Ausdruck wie in der Erzählung des Markusevangeliums vom blinden Bartimäus (Mk 10, 46–52). „Sohn Davids, Jesus, eléäsón me!", ruft hier Bartimäus dem zu, in dem die Christen *ihre* Rettergestalt sahen. Dass es sich dabei um denselben Ruf handelt, der ihnen aus der heidnisch-religiösen und politischen Umwelt vertraut war, belegt das Matthäusevangelium, dessen Autor zwei/drei Jahrzehnte später bei der Übernahme des Markustextes ergänzt: *„kýrie*, Sohn Davids" (Mt 20,31). Mit den gängigen deutschen Übersetzungen wie „hab Erbarmen mit mir!" (EINHEITSÜBERSETZUNG) oder „erbarme dich meiner!" (LUTHER-BIBEL) ist der Bedeutungsgehalt des „eléäson/eleison" auch an dieser Stelle nicht wirklich getroffen. Der Ruf des Bartimäus ist überaus freudige Kontaktaufnahme – mit dem, der weit mehr ist als jeder (damalige und heutige) „Sonnengott" oder „Kaiser". „Kyrie, Jesus, wie großartig, dass du hier vorbeikommst – und wenn mir einer aus meinem Elend heraushelfen kann, dann bist du es!", lautet der von Bartimäus gemeinte Inhalt dieses Rufes. Der Blinde aus Jericho bittet nicht um Erbarmen angesichts seiner Sünden und schon gar nicht um Heilung vom grauen Star, sondern um Heilung seines lichtlosen, auf sich selbst zurückgekrümmten Herzens. Auf die Frage Jesu, was er ihm tun solle, antwortet Bartimäus, wortgetreu übersetzt: „Rabbuni, dass ich *aufblicke* (anablépso)."

Dem Erzähler Markus geht es nicht um eine historisch-dokumentierende Berichterstattung einer Blindenheilung, sondern um *Mystagogie*: um Hinführung der Leser und Hörer zur persönlichen Christusbeziehung. Aus demselben Grund wird Lukas bei seiner Wiedergabe dieser Erzählung (Lk 18,35–43) den Namen des Blinden streichen: Jeder Mensch, will er sagen, ist mit dem Bartimäus gemeint. Und Matthäus wird aus dem einen Blinden „zwei Blinde" (Mt 20,30) machen: Der zweite, sagt er den Christen seiner Gemeinde, die natürlich die Markusversion ebenso kannten wie er, der zweite – das bist du!

Das „Kyrie, eleison!" in der Eucharistiefeier, das freilich nur *An*-rede ist, wenn es zwar gemeinsam, aber doch je *persönlich* und *von Person zu Person* vollzogen wird, ist *die Sonntag für Sonntag wiederholte Einübung, Glauben in der Anredeform zu leben.* Eine Einübung, die in ihrer Wirkung nicht unterschätzt werden sollte. Johannes vom Kreuz wusste noch darum, dass wieder und wieder vollzogene geistige und psychische Akte einen Habitus ausprägen, eine zur guten Gewohnheit werdende Seelenfertigkeit und Lebensart.[84] Das heißt: Im wiederholten „Kyrie!"-Sagen lernen wir, mit dem Kyrios zu leben. Ein heilender und mystagogischer, Beziehung stiftender Vorgang, der den Übenden „aufblicken" lässt und ihm, wenn sich sein Blick mit dem Blick des Kyrios Jesus vereint, mehr und mehr Klarblick, Weitblick und Tiefblick schenkt – auch für das, was der Kirche heute wirklich nottut.

Tröstlich dazu sind die Worte, mit denen Karl Rahner seine Reflexionen zu der Frage „Was heißt Jesus lieben?" beschließt: „Diese unmittelbare Liebe zu Jesus ist so, wie sie hier gemeint ist, nicht einfach von Anfang an da; sie muß wachsen und reifen; die zärtliche Innigkeit, zu der sie sich ruhig bekennen darf, ist die Frucht der Geduld, des Betens, der immer neuen Vertiefung in die Schrift, die Gabe des Geistes Gottes. Man kann sie sich nicht gewaltsam ankommandieren. Aber man darf sich immer sagen, daß die Sehnsucht nach solcher Liebe schon ihr Anfang ist, dem Erfüllung verheißen ist."[85]

Die Eucharistiefeier, die mit der Zusage „Der Herr ist mit euch!" beginnt und endet, ist „Quelle und Höhepunkt des ganzen christlichen Lebens".[86] Das wird sie freilich nur für diejenigen Zelebranten und Gottesdienstteilnehmer sein können, die sie vom „Kyrie, eleison!" bis zum Kommunionempfang innerlich mitvollziehen. Aber deren „bewusste und tätige Teilnahme" wird zum Segen für alle. Wo *Glauben in der Anredeform* geschieht, da geschieht *Kirche* mitten in der Kirche; da erneuert sich die ekklesía zur *kyriakè* ekklesía.

Und sie geschieht. Die Kyriaké geschieht. Auch heute. Mehr als unsere blinden, nach unten blickenden, auf Vorletztes gerichteten Augen wahrnehmen. Die Menschen, denen es zuerst um den Kyrios geht, nicht um die Kirche – und die gerade dadurch Kirche *sind*, – diese Menschen sind da, es sind sehr viele, unter den Laienchristen wie unter den Priestern, den Ordensleuten und den Bischöfen. Viele von ihnen gehören zu den „Stillen im Land". *Sie* sind unsere Chance.

Anmerkungen

[1] *Franz Georg Friemel*, Aus dem Alltag. Fürbitten, Leipzig 1980, 95.

[2] Didaché 9,1 u. 5 (dt. in: Didaché/Zwölf-Apostel-Lehre. Fontes Christiani 1, übers. u. eingel. v. *Georg Schöllgen u. Wilhelm Geelings*, Freiburg i. Br. 1991).

[3] Siehe: Duden. Das Herkunftswörterbuch. Etymologie der deutschen Sprache, Mannheim, 4. Aufl. 2006 (Stichwort: Kirche).

[4] Sermo Denis 3,4 (hier zit. n.: *Christof Müller*, Die Einheit im Herzen gewinnen. Die Eucharistielehre des heiligen Augustinus von Hippo, in: DIE TAGESPOST vom 18.01.2011, S. 6).

[5] So laut Radio Vatican, 1.3.2011; siehe: www.oecumene. radiovaticana.org/ted/Articolo.asp?c=466132 („Liturgiereform muss an Konzil anknüpfen").

[6] Dogmatische Konstitution über die Kirche (Lumen Gentium), Nr. 11.

[7] Dazu gibt es heute eine Fülle guter und gut verständlicher Literatur, s. z.B.: *Rupert Berger*, Die Feier der Heiligen Messe. Eine Einführung, Freiburg–Basel–Wien 2009; *Guido Fuchs (Hg.)*, Sinnenfällig Eucharistie erleben, Regensburg 2003; *Liborius Olaf Lumma*, Crashkurs Liturgie. Eine kurze Einführung in den katholischen Gottesdienst, Regensburg 2010; *Christian Renken*, Richtig Messe feiern. Ein Leitfaden für die Eucharistiefeier am Sonntag, Regensburg 2009; und meines Erachtens immer noch der „Klassiker" unter den Büchern, die in die nachkonziliare Eucharistiefeier einführen: *Theodor Schnitzler*, Was die Messe bedeutet. Hilfen zur Mitfeier, Freiburg–Basel–Wien 1976.

[8] Konstitution über die heilige Liturgie (Sacrosanctum

Concilium), Nr. 11, 14, 19, 21, 26, 30, 41, 50, 79, 114, 121, 124.

[9] *Joseph Ratzinger/Benedikt XVI.*, Der Geist der Liturgie. Eine Einführung, Freiburg–Basel–Wien, Sonderausgabe 2006, 147.

[10] Ebd.

[11] Ebd., 19.

[12] Ebd.

[13] Ebd.

[14] *Winfried Haunerland*, Participatio actuosa. Programmwort liturgischer Erneuerung, in: Internationale Katholische Zeitschrift COMMUNIO, November 2009 (585–595) 585.

[15] Ebd., 586.

[16] *Eckhard Pohl*, Kirche ist stets neu zu gründen. Wie Glaube weitergehen kann. Ein Gespräch mit der Erfurter Pastoraltheologin Maria Widl, in: TAG DES HERRN 7/2011, 9. – Analysen und Anregungen dazu s. in: *Maria Widl*, Lebendige Gemeinden wachsen, in: THEOLOGIE DER GEGENWART 1/2011, 27–36.

[17] Zur gegenwärtigen Forschungslage s.: *Bernhard Heininger*, Das letzte Mahl Jesu. Rekonstruktion und Deutung, in: *Winfried Haunerland (Hg.)*, Mehr als Brot und Wein. Theologische Kontexte der Eucharistie, Würzburg 2005 (10–47) 28–30.

[18] Die wichtigsten Schriften Joseph Ratzingers zur Eucharistie und Liturgie sind zusammengestellt in: *Joseph Ratzinger*, Theologie der Liturgie. Die sakramentale Begründung der christlichen Existenz, Gesammelte Schriften, Bd. 11, hg. v. *Gerhard Ludwig Müller*, Freiburg–Basel–Wien 2008.

[19] *Joseph Cardinal Ratzinger*, Gott ist nah. Eucharistie: Mitte des Lebens, Augsburg 2005, 60 (Hervorhebung ebd.).

[20] *Joseph Ratzinger*, Theologie der Liturgie (s. Anm. 18), 269.

[21] *Joseph Ratzinger/Benedikt XVI.*, Der Geist der Liturgie (s. Anm. 9), 50.

[22] *Jens Schröter*, Nehmt – esst und trinkt. Das Abendmahl verstehen und feiern, Stuttgart (Kath. Bibelwerk) 2010, 159.

[23] Ebd., 35.

[24] *Lorenz von der Auferstehung*, Werke, Dritter Brief (dt. Werkausgabe: Bruder Lorenz von der Auferstehung: Gesammelte Werke, übers. u. hrsg. v. *A. Karl u. A. Sagardoy*, Wien, Vlg. Christliche Innerlichkeit 1993).

[25] Ebd., Viertes Gespräch.

[26] Ebd.

[27] Zweites Vat. Konzil, Dogmatische Konstitution über die Kirche (Lumen Gentium), Nr. 11.

[28] *Paul Hoffmann*, Jesus von Nazaret und die Kirche. Spurensicherung im Neuen Testament, Stuttgart 2009, 172.

[29] Z. B. in: 1 Sam 17,37; 2 Sam 7,3; 2 Chr 15,2; Ri 6,12; Rut 2,4; Lk 1,28; 2 Thess 3:16; öfter auch in etwas abgewandelter bzw. erweiterter Form.

[30] Siehe z. B.: Röm 1,7; 1 Kor 1,3; 2 Kor 13,13; Gal 1,3.

[31] Allgemeine Einführung in das Römische Messbuch, Nr. 28; in: Dokumente zum Römischen Messbuch (Reihe: Nachkonziliare Dokumentation, Bd. 19), Trier 1974, 69.

[32] *Theodor Schnitzler*, Was die Messe bedeutet. Hilfen zur Mitfeier, Freiburg–Basel–Wien 1976, 51.

[33] *Jo Hermans*, Die Feier der Eucharistie. Erklärung und spirituelle Erschließung, Regensburg 1984, 118 (hier mit Berufung auf Emil Joseph Lengeling).

[34] A.a.O. (s. Anm. 32), 162.

[35] A.a.O. (s. Anm. 31), Nr. 32 (S. 71).

[36] *Jo Hermans*, a.a.O. (s. Anm. 33), 142.

[37] *Rupert Berger*, Tut dies zu meinem Gedächtnis. Einführung in die Feier der Messe, München 1971, 166.

[38] Siehe: www.joerg-sieger.de – Unser Gottesdienst – Gebete.

[39] Liturgiekonstitution Sacrosanctum Concilium, Nr. 21.

[40] *Helmut Hoping*, Bewahren und erneuern. Eine Relecture der Liturgiereform, in: Internationale Katholische Zeitschrift COMMUNIO, November 2009 (570 bis 584) 582; das Zitat (SC 21) aus: Liturgiekonstitution Sacrosanctum Concilium, Nr. 21.

[41] *Cardinal Ratzinger*, Gott ist uns nah (s. Anm. 19), 72 f.

[42] Weg der Vollkommenheit (2. Fassung, Autogr. v. Valladolid), Kap. 24,2 (dt. in: *Teresa von Ávila*, Das Vaterunser meditieren. In der Gebetsschule Jesu. Weg der Vollkommenheit, Kap. 19–42, übers. v. *Reinhard Körner*, Leipzig, 5. Aufl. 2001, 42.

[43] *Heinz Schürmann*, Das Lukasevangelium, 2. Teil, Freiburg-Basel-Wien 1994, 193; auch in: *ders.*, Das Gebet des Herrn als Schlüssel zum Verstehen Jesu, Leipzig, 7. Aufl. 1190, 28.

[44] Näher dargestellt in meinem Buch: Das Vaterunser. Lebenshilfe aus dem Gebet Jesu, Leipzig, 3. Aufl. 2008, 19–25.

[45] Richtlinien der Deutschen Bischofskonferenz für Messfeiern kleiner Gruppen, II. Teil, Nr. 3 (Reihe: Nachkonziliare Dokumentation, Bd. 31), Trier 1972, 61; dort mit Verweis auf: Instruktion über die Übersetzung liturgischer Texte für Feiern mit dem Volk, Nr. 34 (Reihe: Nachkonziliare Dokumentation, Bd. 46), Trier 1976, 127.

[46] A.a.O. (s. Anm. 40), 582.

[47] Vgl. 1 Kor 12,12 ff. u. Kol 1,18 u. 2,19.

[48] Der Geistliche Gesang (Fassung B), 29,3 (dt. Übersetzung dieser von Johannes v. Kreuz überarbeiteten Zweitfassung: *Johannes vom Kreuz*, Das Lied der Liebe, übertr. v. *Irene Behn*, Einsiedeln 1963).

[49] Zit. nach: *Johannes Bours*, Nehmt Gottes Melodie in euch auf, Freiburg-Basel-Wien 1985, 96.

[50] *Joseph Ratzinger/Benedikt XVI.*, Der Geist der Liturgie (s. Anm. 9), 179.

[51] Ebd., 184.

[52] Pastorale Einführung, Nr. 28, in: Messlektionar für die Bistümer des deutschen Sprachgebietes, Lesejahr A (11*–40*) 18*.

[53] *Hanna-Renata Laurin*, Ganz Ohr sein, in: KARMEL*impulse* 3/2004, 10 f.

[54] A.a.O. (s. Anm. 31), Nr. 33–40 (S. 73 ff.: Der Wortgottesdienst).

[55] Messlektionar für die Bistümer des deutschen Sprachgebietes, Lesejahr A, 4 f.

[56] In der Pastoralen Einführung zum deutschen Messlektionar, Nr. 17 u. 18 (ebd., S. 16*), heißt es dazu, dass diese Wechselrufe auch gesungen werden können.

[57] *Rupert Berger*, Tut dies zu meinem Gedächtnis (s. Anm. 37), 145 f. – In der Neuausgabe dieses Buches (Die Feier der Heiligen Messe. Eine Einführung, Freiburg–Basel–Wien 2009, 170) schreibt der Autor ebenfalls, wenn auch kürzer formuliert: „Am Ende der Lesung antwortete früher der Ministrant ‚Deo gratias' – ‚Dank sei Gott', nach dem Evangelium ‚Laus tibi, Christe' – ‚Lob sei dir, Christus'. Die heutige Ordnung der Gemeindemesse sieht eine entsprechende Akklamation der ganzen Gemeinde vor; im deutschen Sprachraum sind einheitliche Akklamationen nur vorgesehen, wo solche schon bisher üblich waren. Neu einführen sollte man sie nicht; das Warten auf eine Schlussformel behindert eher das gesammelte Zuhören, das besser in eine kurze Stille münden sollte."

[58] Siehe dazu: *Petra von Gemünden*, Ausreißen oder wachsen lassen (Vom Unkraut unter dem Weizen), in: Kompendium der Gleichnisse Jesu, hg. v. *Ruben Zimmermann*, Gütersloh 2007, 405–419; s. auch in meinem Buch: Noch einmal den Anfang wagen. Wege zu einem neuen Christsein, Leipzig 2010, 250–273.

[59] *Bernhard Heininger*, Das letzte Mahl Jesu, in: *Winfried*

Haunerland (Hg.), Mehr als Brot und Wein. Theologische Kontexte der Eucharistie, Würzburg 2005 (10–49) 34, vgl. auch 40.

[60] Siehe: Kluge. Etymologisches Wörterbuch der deutschen Sprache, Berlin/New York, 24. Aufl. 2002, und: Duden. Das Herkunftswörterbuch. Etymologie der deutschen Sprache, Mannheim, 4. Aufl. 2006 (Stichworte: Leib, leibhaftig).

[61] *Joseph Ratzinger/Benedikt XVI.*, Jesus von Nazareth, Bd. II: Vom Einzug in Jerusalem bis zur Auferstehung, Freiburg–Basel–Wien 2011, 150.

[62] Ebd., 150, Zitat von Rudolf Pesch (s. *Rudolf Pesch*, Das Markusevangelium. Zweiter Teil [HThK zum NT], Bd. II/2, Freiburg–Basel–Wien, 3. Aufl. 1984, 357).

[63] *Rudolf Pesch*, ebd., 357.

[64] Ebd., 154.

[65] A.a.O. (s. Anm. 61), 147.

[66] *Joseph Ratzinger/Benedikt XVI.*, Der Geist der Liturgie (s. Anm. 9), 23 u. 29.

[67] *Teresa von Ávila*, Weg der Vollkommenheit (1. Fassung, Kodex von El Escorial), Kap. 61,7/9/10 u. 62,1 (Gesammelte Werke Bd. 2, hg., übers. u. eingel. v. *Ulrich Dobhan OCD/Elisabeth Peeters OCD*, Freiburg–Basel–Wien 2003, 280–283).

[68] Ebd., 77.

[69] Vor allem in seinen Schriften: Ich und Du, Köln 1966; Begegnung. Autobiographische Fragmente, Heidelberg 1986.

[70] *Martin Buber*, Begegnung (ebd.), 10 f.: „Später einmal habe ich mir das Wort ‚Vergegnung‘ zurechtgemacht, womit etwa das Verfehlen einer wirklichen Begegnung zwischen Menschen bezeichnet war."

[71] Siehe dazu: *Albert Gerhards*, Wie viel sind viele? Die Diskussion um das „pro multis", in: Herder Korrespondenz 2/2007, 79–83.

[72] A.a.O. (s. Anm. 61), 157 f.

[73] „Sein Gewissen war rein. Er benutzte es nie", in: *Stanislaw Jerzy Lec*, Sämtliche unfrisierte Gedanken, München 2007, 105.

[74] *Karl Rahner*, Praxis des Glaubens. Geistliches Lesebuch, hg. v. *Karl Lehmann u. Albert Raffelt*, Freiburg–Basel–Wien 1985 (212–220), 213.

[75] *Martin Buber*, Ich und Du (s. Anm. 69), 10.

[76] Siehe vor allem: Aufstieg auf den Berg Karmel, I 6–13 (dt. Ausgabe: *Johannes vom Kreuz*, Aufstieg auf den Berg Karmel, Gesammelte Werke Bd. 4, hg., übers. u. eingel. v. *Ulrich Dobhan OCD/Elisabeth Hense/Elisabeth Peeters OCD*, Freiburg–Basel–Wien 1999).

[77] *Teresa von Ávila*, Gedanken zum Hohenlied, Gedichte und kleinere Schriften, Gesammelte Werke Bd. 3, hg., übers. u. eingel. v. *Ulrich Dobhan OCD/Elisabeth Peeters OCD*, Freiburg–Basel–Wien 2004, 344 (zur Autorschaft s. dort Anm. 28).

[78] *Thérèse von Lisieux*, Selbstbiographische Schriften. Authentischer Text, übers. v. *Otto Iserland*, Einsiedeln, 16. Aufl. 2009, 200 f.

[79] *Theodor Schnitzler*, Was die Messe bedeutet (s. Anm. 32), 78.

[80] Ebd.

[81] Ebd., 77.

[82] Ebd., 73 f.

[83] Ebd., 74.

[84] Siehe: *Johannes vom Kreuz*, Aufstieg auf den Berg Karmel (s. Anm. 76), II 14,2.

[85] A.a.O. (s. Anm. 74), 219 f.

[86] Dogmatische Konstitution über die Kirche (Lumen Gentium), Nr. 11.